AF404594

VISITES A GRAND'MÈRE

CONSEILS

AUX JEUNES FILLES ET AUX JEUNES FEMMES

SUR LA VIE DOMESTIQUE

PAR

Mme NELLY-LIEUTIER

Avec une composition de PAUL HERCOUËT

PARIS

LIBRAIRIE PICARD-BERNHEIM ET Cie

11, RUE SOUFFLOT, 11

—

VISITES A GRAND'MÈRE

CHEZ GRAND'MÈRE

COLLECTION PICARD

BIBLIOTHÈQUE D'ÉDUCATION RÉCRÉATIVE

VISITES A GRAND'MÈRE

CONSEILS

AUX JEUNES FILLES ET AUX JEUNES FEMMES

SUR LA VIE DOMESTIQUE

PAR

Mme NELLY LIEUTIER

Avec une composition de PAUL HERCOUËT

PARIS

LIBRAIRIE PICARD-BERNHEIM et Cie

11, RUE SOUFFLOT, 11

PRÉFACE

Vous souvient-il d'un tableau qui fut exposé au Salon il y a quelques années, et devant lequel la foule s'arrêtait, émue, comme si elle eût été frappée par quelque événement d'une importance capitale ?

Peut-être, aux yeux d'un critique d'art, n'était-ce pas là une de ces œuvres qui créent et conservent éternellement une réputation à leur auteur; mais il renfermait une pensée et un sentiment qui m'ont si souvent fait rêver depuis, que ce petit tableau est l'inspirateur des *Visites à grand'mère*.

Il ne représentait cependant qu'une scène bien familière : *un petit garçon, qui pleure devant un pot au lait renversé.*

L'enfant avait été chargé d'aller chercher le lait

du déjeuner à la ferme, et une pierre, rencontrée sur son chemin, a supprimé le déjeuner de la famille.

Le petit pleure, parce qu'il sait qu'il va être grondé, battu peut-être...

Un autre petit garçon, son camarade, vient à passer ; et voyant la douleur de l'enfant, il s'écrie, avec la sincérité de la conviction :

— Tu as peur d'être battu ! Mais, Maurice, tu n'as donc pas une grand'mère ?...

Devant ce tableau je vis, par la pensée, cette grand'mère sous un grand bonnet blanc, encadrant une figure ridée qu'entouraient des cheveux gris. Elle avait des lunettes, un châle noir sur des épaules maigres et un dos un peu courbé, s'accotant dans un vieux fauteuil, au coin du feu.

N'est-ce pas toujours un peu le type qui se présente à nous, lorsque nous prononçons ce mot : grand'maman ? Mais, en y pensant, combien il veut dire d'autres choses ? Il veut dire : *bonté, amour, indulgence !*

Il y a longtemps qu'elle vit, cette grand'maman, et elle a amassé des trésors d'expérience qui lui ont appris à voir avec sérénité et douceur, bien des choses qui nous passionnent et nous irritent.

Elle a un grand bonnet blanc et des cheveux gris ; mais dessous il y a une tête qui pense, qui réfléchit, pour donner aux jeunes, des conseils qui les empêcheront souvent de prendre le mauvais chemin.

Elle a des lunettes qui ne la rajeunissent ni ne l'embellissent, hélas! mais, derrière ces lunettes, il y a un regard pénétrant et bon, qui va jusqu'au fond de notre pensée, qui la devine, et qui nous réchauffe le cœur.

Elle a un châle noir sur des épaules maigres et un dos voûté; mais là-dessous est un cœur, qui bat avec amour pour tous ces petits et ces jeunes; à ces petits, comme elle donnerait avec joie les quelques années qui lui restent, pourvu que, en retour, elle pût les voir marcher dans la bonne voie et arriver au bonheur.

Et dans ce vieux fauteuil, qui est souvent un ami d'enfance, elle rêve à ces jours d'autrefois où elle était jeune, comme le sont ceux qui l'entourent, et où son cœur battait délicieusement devant des espérances qui ne se sont jamais réalisées.

Alors parfois son front se plisse et devient triste. Ce n'est pas pour elle-même qu'elle s'attriste, la grand'mère; car elle n'a plus d'espérances; mais c'est pour ceux qu'elle aime et dont elle devine l'avenir d'après son propre passé.

La grand'maman, c'est elle qui met la paix dans la famille, elle qui cache les fautes des petits quand ils risquent d'être grondés.

Elle explique tout, elle excuse tout, parce qu'elle

a renoncé au rôle plus sévère de l'éducatrice : ce rôle, il incombe à la jeune mère ; la grand'mère n'a voulu conserver pour elle que les caresses et la consolation. . . . .

… Oui, j'ai vu tout cela dans ce petit tableau où deux enfants sont en présence ; l'un qui gémit, l'autre qui console ; et je me suis promis alors d'emprunter, pour parler aux enfants et les conseiller, la voix tendre et indulgente de la grand'-mère. Passant par sa bouche, les avis de la sagesse se feront mieux entendre et mieux suivre.

NELLY LIEUTIER.

VISITES A GRAND'MÈRE

CONSEILS AUX JEUNES FILLES ET AUX JEUNES FEMMES

PREMIÈRE VISITE

PRÉSENTATION

Ma grand'mère est une jolie petite vieille de soixante-six à soixante-huit ans.

Je ne sais pas au juste son âge : elle n'en parle jamais, de peur d'effrayer les jeunes filles, qu'elle aime de tout son cœur; qu'elle attire et retient auprès d'elle, par le charme de sa personne et de sa conversation.

Rien n'est aimable comme une vieille personne qui a beaucoup lu et beaucoup écouté. Elle sait presque toutes choses, et elle les raconte d'une manière charmante.

Ma grand'mère nous parle avec de si doux souvenirs de ce temps passé, où elle était jeune comme nous le sommes aujourd'hui, que nous regrettons presque de n'être pas vieilles comme elle pour nous souvenir aussi.

Les jeunes femmes et les jeunes filles, qui se trouvent parfois aux prises avec les difficultés de la vie, ne craignent pas de venir à ma grand'mère.

Elle a pour chacune de nous un encourageant sourire, quelquefois une larme de sympathie, et toujours un bienveillant et judicieux conseil pour nous aider ou nous consoler.

La visite que nous lui faisons aujourd'hui est un peu cérémonieuse; elle a toute la solennité d'une présentation.

Nous sommes déjà au printemps; mais la chambre de grand'mère a encore conservé sa toilette et son aspect d'hiver.

Un tapis bien épais recouvre le parquet, et un bon feu de bois brûle dans la cheminée, autour de laquelle on fait cercle, pour se rapprocher le plus possible de la maîtresse du logis.

Notre entrée a interrompu la conteuse au milieu d'une conversation qui devait être bien attrayante, car tous les regards sont fixés sur elle avec une sorte de curiosité interrogative.

Nous nous faufilons derrière son fauteuil, et nous écoutons.

Grand'mère a, en ce moment, la voix un peu grondeuse.

— Voyons, Gabrielle, c'est toi qui as droit aujourd'hui à m'occuper tout entière, car je te vois bien malheureuse, ma pauvre enfant. Quoi! tu as dépensé, en moins de deux mois, la somme destinée à ton ménage pour un trimestre entier! Je t'avoue que voilà un malheur qui me peine comme une véritable catastrophe. — Vous riez toutes, mes chères amies, et vous croyez que je plaisante. — Non, je ne plaisante pas et n'ai nulle envie de rire. Cette tendance à une dépense exagérée est trop générale de nos jours pour que je ne considère pas comme malheureuses celles de vous qui en sont atteintes. C'est une maladie dont il faut essayer de vous guérir au plus vite.

Il faut pour cela deux remèdes énergiques, mais sûrs. Ce sont : le *travail* et l'*ordre*. Lorsqu'une jeune fille, en entrant en ménage, apporte une figure agréable, quelques talents et une dot convenable, tout le monde envie le sort de l'heureux mari qu'elle a choisi.

Le bonheur et la joie entrent avec elle dans sa maison. Ils y entrent, oui ; mais ils en sortent bien vite si la nouvelle maîtresse de maison n'y installe pas avec elle le travail et l'ordre, les deux seuls maîtres auxquels elle doive obéir. Je l'aimerais mille fois mieux moins jolie, moins bien pourvue des dons extérieurs et surtout d'argent; mais sachant comprendre la valeur du temps, n'en perdant, par conséquent, jamais, et employant toutes ses facultés au bien-être et à l'ordre de sa maison. Celle-là n'a pas besoin de fortune pour être appréciée, car elle fera le bonheur de ceux à qui elle consacrera sa vie.

La première loi à s'imposer est de régler ses dépenses sur ses revenus et de ne jamais entièrement absorber ces derniers. Savons-nous si l'avenir ne nous réserve pas des revers pour lesquels il nous faudra des ressources extraordinaires, c'est-à-dire des épargnes? Si nous agissons autrement, nous sommes des insensés, qui méritons de subir la peine de notre conduite.

C'est ce qui va arriver à Gabrielle, car rien dans son intérieur ne doit souffrir de la prodigalité qu'elle a apportée dans ses dépenses personnelles; et pendant les six semaines qui lui restent, elle devra apprendre à faire elle-même toutes les choses qui lui seront nécessaires.

Ce petit incident me conduit à penser que la chose la plus pressée à vous enseigner aujourd'hui est l'*art de la comptabilité* pour les dépenses de votre ménage.

J'ai toujours agi comme je vais vous conseiller de le faire, et je m'en suis bien trouvée.

Votre grand-père, dans les premières années de notre mariage, me donnait, comme cela se fait encore aujourd'hui, dans toute maison bien ordonnée, une

somme pour ma toilette et une autre pour le ménage.
Je ne me crus certes pas humiliée par cette manière
d'agir ; mais, je ne sais pourquoi il me sembla qu'elle
ne marquait pas encore une entière confiance, telle
que peut la souhaiter une maîtresse de maison et une
mère de famille expérimentée. Je sentis que j'avais
des progrès à faire en ce sens.

Voilà pourquoi je suis devenue une femme de
ménage attentive et soigneuse des détails.

— O grand'mère, une femme de ménage!... quel
vilain mot! dirent en chœur toutes les rieuses voix.

— Oui, mes enfants, je le maintiens, ce mot !
femme de ménage : j'ai tout dirigé, tout vu par moi-
même, ce qui a empêché le gaspillage et a contribué
au bien-être de notre maison. Mais ce sont des
détails dans lesquels nous entrerons plus tard. Je vais
terminer aujourd'hui par la chose que je regarde
comme étant la plus pressée, en vous donnant un
petit tableau de la manière dont vous devez vous
rendre compte de vos dépenses de chaque jour.

Achetez, pour cet usage, un grand livre, cartonné
avec soin et rayé d'environ trente-deux lignes horizontales. Ce livre, tout ouvert devant vous, doit vous
présenter, sur ses deux côtés, une surface assez large
pour que vous puissiez la diviser vous-mêmes par huit
barres verticales, ayant entre elles au moins deux ou
trois centimètres de distance. A droite doivent se

trouver deux barres plus rapprochées, pour contenir les francs et les centimes.

Après avoir écrit en tête le nom du mois, vous distribuez chaque colonne comme dans le tableau ci-contre.

Il est bien entendu que le modèle que je vous donne est incomplet et que votre livre doit toujours contenir autant de lignes horizontales que de jours dans le mois. Vous pouvez aussi augmenter le nombre des colonnes suivant les besoins de votre maison et le nombre de ses habitants.

Une chose que je ne saurais trop vous recommander, mes chères enfants, est de toujours placer la somme de vos dépenses générales sous celle de vos recettes, c'est le seul moyen de se rendre un compte exact de ce que l'on fait.

Heureuses seront celles qui auront un excédent dans les recettes! Ce sont les femmes d'ordre et les bonnes ménagères.

Je ne pardonnerais pas à celles qui, s'étant trompées pendant deux ou trois mois, n'arriveraient pas au moins à un équilibre.

JANVIER 1886

RECETTES		DÉPENSES										DÉPENSES GÉNÉRALES	
		NOURRITURE		MAISON		MON MARI		MOI		IMPRÉVU			
F.	C.	F.	C.	F.	C.	F.	C.	F.	C.	F.	C.	F.	C.

DEUXIÈME VISITE

LA PHYSIONOMIE DE GRAND'MÈRE

L'un des meilleurs enseignements que nous puissions recevoir, est celui qui nous est donné par l'exemple.

Nous allons donc nous arrêter quelques instants sur le seuil de la chambre de grand'mère, avant d'entrer une seconde fois chez elle.

Grand'mère est toujours vêtue d'une robe de soie noire, faille ou satin en hiver, taffetas en été. Cette robe est faite bien simplement, sans volants ni garnitures d'aucune sorte; mais grand'mère paraît aussi élégante que les jeunes femmes qui l'entourent et viennent lui demander des conseils.

Ses cheveux, qui étaient blonds quand elle était

jeune, ont pris une douce teinte argentée, qui rend sa figure presque aussi rose que celle d'une jeune fille. Elle les porte frisés en toutes petites boucles, qui lui encadrent le front et les joues.

Sur sa tête, est posée une fanchon en dentelle noire qui, nouée sous le menton, cache aux regards les rides dont le temps a marqué son cou.

Grand'mère pense en effet, que, si une femme ne doit jamais dissimuler son âge, elle ne doit non plus rien faire pour se rendre désagréable.

Elle ne porte ni bagues ni pendants d'oreilles; et le seul bijou qu'elle se permette, est une petite montre, qu'elle porte dans sa ceinture, mais que je n'ai jamais vue suspendue à quelque chaîne ou châtelaine.

Je ne connais rien de plus actif que les yeux et les mains de ma grand'mère. Je suis bien convaincue qu'elle n'a pas sa vue de quinze ans; mais personne ne lui voit jamais de lunettes sur le nez.

Ce qui n'empêche pas ses yeux d'être les plus spirituels et les plus malins du monde, et leur regard doux et clairvoyant fait toujours rougir celle de nous qui se sent en faute.

Je vous ai aussi parlé des mains de grand'mère : ces mains-là ont pris, dans leur jeunesse, une si constante habitude du travail, qu'elles ne peuvent rester une minute inactives.

Dieu sait la quantité de petits bonnets, de petits bas, de jupons et de tricots de toute sorte que ces mains ont confectionnés et confectionnent chaque jour!

Il n'est pas un travail féminin auquel elles soient restées étrangères; aussi nous proposons-nous de les utiliser au profit de notre enseignement à toutes.

Nous ne sommes pas tout à fait au complet aujourd'hui. Le temps est si beau, après un long et rude hiver, que les moins sérieuses d'entre nous se sont laissé séduire par les rayons du soleil et sont parties pour la campagne.

Grand'mère promène un regard amical et un charmant sourire sur celles qui lui sont restées fidèles, et elles sont nombreuses encore.

Pour ce regard et pour ce sourire, je donnerais les plus délicieux plaisirs du monde.

Comme toujours, nous faisons cercle et nous écoutons :

Juliette, charmante fillette de douze ans, qui se sent un peu l'enfant gâtée de nous toutes, et qui ne manque jamais de sauter au cou de grand'mère en arrivant, se tient, je ne sais pourquoi, un peu à l'écart, comme un enfant boudeur qui se sent en faute.

Mais elle a affaire à des yeux qui savent tout voir. Sans rien dire d'abord, grand'mère prend la main de Juliette, et, l'attirant tout près du fauteuil :

— Voyons, ma fille, qu'est-ce qui cause ta tristesse aujourd'hui? lui demande-t-elle. Y serais-je pour quelque chose?

— Je crois que oui, répond Juliette avec des yeux qui ont grand'envie de pleurer.

— Oh! oh! je vais donc m'efforcer de réparer bien vite mes torts envers toi, ma chérie. En quoi suis-je coupable?

— Grand'mère, c'est toi qui as engagé maman à me faire faire ma chambre moi-même chaque matin; et maman veut que je me charge de ce travail, qui m'ennuie.

— Quoi! n'est-ce que cela, mon enfant? Je ne chercherai point à réparer mes torts; mais je te donnerai, comme à une grande fille, l'explication d'un conseil qui te contrarie si fort.

Tu admets bien, n'est-ce pas, qu'une jeune fille, habile et intelligente comme tu l'es, ne doit pas rester un être inutile dans la maison paternelle?

Les domestiques n'y peuvent être nombreux, et tu as des frères et une petite sœur qui absorbent leur temps et le repos de ta maman. Tu dois donc apporter dans la famille ton contingent de travail et de bonne volonté.

Et quel plus séduisant travail puis-je te donner que celui de prendre toi-même soin de ta chambre?

Nulle jeune fille, à mon avis, ne saurait être dispensée de ce charmant et utile labeur.

Est-ce qu'il ne te répugne pas de penser qu'une personne de service, dont les mains ou les vêtements ne sont pas toujours irréprochablement propres, ira toucher les draps ou l'oreiller sur lequel tu dois reposer ta tête? Ne crains-tu pas pour la fraîcheur des rideaux qui entourent ton lit et qui garnissent ta croisée le contact d'une femme qui vient de toucher aux objets de cuisine et quelquefois même la vaisselle desservie?

— Je n'avais jamais pensé à tout cela, dit Juliette.

— Et maintenant?

— Maintenant, je trouve que tu as raison, grand'-mère.

— Tu consens donc à ce que je t'enseigne à faire la chambre?

— Oh! de tout mon cœur!

— Eh bien! la leçon que je vais te donner pourra servir également à toutes tes amies. Il n'est pas bon qu'une jeune fille entretienne des fleurs dans sa chambre. Ce luxe-là doit être réservé aux pièces où l'on se tient pendant la journée.

Selon moi, les chambres à coucher sont, en général, encombrées par une trop grande quantité de meubles. Il semble qu'on veuille y raréfier l'air, si nécessaire pendant notre sommeil. Je vous engage donc à éviter cet excès.

Il est plus sain de n'avoir pas de rideaux à son lit;

mais peu de femmes sont disposées à se passer de cet élégant accessoire. J'admets donc que vous ayez des rideaux; mais je vous engage à les choisir en étoffes claires, telles que la mousseline, de préférence à ces lourdes étoffes de laine·ou de soie qui absorbent l'air et font de votre lit une sorte de cabane fermée et malsaine, où ne circule ni air ni lumière. Nous devrions, le plus souvent, ne point chercher d'autres causes aux maladies ou aux malaises qui nous atteignent.

Si nous étions des êtres raisonnables, nous ne resterions pas dans notre lit, aussitôt que le soleil s'est montré à l'horizon.

Vous devez donc toujours être levées à six heures en été, à sept ou huit heures en hiver.

Votre premier mouvement, après avoir posé vos pieds sur le tapis et avoir chaussé vos pantoufles, doit être de découvrir votre lit dans toute sa longueur.

Il se produit, pendant le sommeil, une transpiration plus abondante, dont les draps restent imprégnés et dont on facilite ainsi l'évaporation.

Votre vêtement du matin doit être une chaude robe de chambre, en étoffe assez solide pour que vous ne puissiez craindre de la gâter par le travail.

Après les ablutions, qui doivent être votre première occupation, et que je vous conseille aussi abondantes et aussi larges que possible, et toujours à l'eau froide, ouvrez rideaux et croisées, afin que l'air et le soleil inondent la chambre. Sortez quelques instants, soit pour aller au jardin, si vous avez le bonheur d'en avoir un, soit pour vaquer à quelques occupations de ménage, et revenez à votre petit sanctuaire pour le mettre en ordre.

Commencez par faire votre lit, qu'il ne faut pas craindre de secouer de toutes vos forces. Votre santé s'en trouvera bien de toutes les manières.

Tout, dans votre chambre, doit être nettoyé, frotté, essuyé avec un soin irréprochable.

Si vous saviez comme on se trouve heureuse lorsque, la besogne terminée, on peut se contempler et s'admirer dans cette propreté qui est le premier de tous les luxes, vous ne craindriez jamais de prendre une peine qui apporte une récompense aussi certaine.

Après quelques instants de repos, lorsque votre chambre est terminée, votre premier soin doit être de vous coiffer et de vous habiller.

Vous savez que, sous aucun prétexte, je n'admets que l'on se présente, même au milieu de la famille, sans avoir pris les soins indispensables à sa personne et à sa toilette.

Vous pouvez, pendant la matinée, rester en peignoir et en pantoufles; mais vêtements et chaussures doivent toujours être ordonnés et soignés. Plus tard nous entrerons dans plus de détails à ce sujet. Mon but, aujourd'hui, était de donner un premier enseignement à Juliette et de la convertir aux bons principes. J'espère y avoir réussi.

Je voudrais que toutes mes lectrices pussent donner à grand'mère le même baiser de remerciement que lui donna Juliette.

TROISIÈME VISITE

UN GRAND ÉVÉNEMENT SE PRÉPARE

L'été est arrivé avec toutes ses splendeurs. Combien d'entre nous se sont déjà envolées, comme une nichée d'hirondelles voyageuses?

Grand'mère était aussi une des plus valeureuses admiratrices de la campagne, lorsqu'elle était jeune; mais la nature ne garde ses sourires que pour ceux qui peuvent aller joyeusement les chercher dans la vraie campagne.

Quand on est vieux, on ne secoue plus les branches chargées de fleurs et de fruits, on cherche la vie contemplative, et on se recueille dans ses souvenirs, pour les donner à ceux que l'on aime.

Voilà pourquoi grand'mère reste à Paris le plus longtemps que cela lui est possible.

Elle nous dit avec son doux sourire :

— Je recommencerai à courir avec vous, quand reviendront mes jambes de quinze ans.

Puis, un grand événement se prépare dans la famille. Une de nos jeunes cousines, Pauline, va se marier! Je n'ai pas besoin de vous dire que, pour cette fois, Pauline est la première rendue au rendez-vous mensuel : elle est si fière de son bonheur !

Et puis cette chère enfant ne connait encore de la vie que ces jours de joie calme passés entre un père et une mère qui l'adorent, et elle a besoin de tout savoir pour la vie nouvelle dans laquelle elle va entrer.

A qui demanderait-elle cette science et les conseils dont elle a besoin, si ce n'est à grand'mère?

Nous allons donc, si vous le voulez bien, écouter, nous aussi, ce que grand'mère est en train de dire à Pauline.

— Mon enfant, tes parents, guidés par leur expérience autant que par leur affection pour toi, ont dirigé ton choix, sans te l'imposer et sans te contrarier, je le sais.

— Oh ! cela est bien vrai, grand'mère ! Je suis bien certaine que mes parents ont tout arrangé pour que je sois heureuse, aussi, n'oublierai-je jamais ce que je leur dois de reconnaissance.

— C'est très bien, ma chère enfant, je suis bien aise de te voir de si bons sentiments qui sont une garantie de bonheur pour l'avenir, mais, je te vois, en cette grave circonstance, beaucoup occupée de toi-même et de ta satisfaction personnelle ; as-tu pensé aussi à ce que tu devras être, dans cette existence à deux, pour le mari qui remet entre tes mains son bonheur et celui de sa famille?

Pauline baissa la tête et réfléchit un moment.

— Je t'avoue, grand'mère, que j'y ai peu songé encore, répondit-elle avec embarras.

— De mon temps, répliqua grand'mère en souriant, on eût tout simplement appelé cela de l'égoïsme : aujourd'hui, mes chers enfants, on vous élève comme si vous étiez de grands personnages ; on fait de vous le centre, autour duquel doivent évoluer tous les satellites qui vous entourent. On vous apprend, avant toutes choses utiles, à être belle, à savoir vous parer, à jouer du piano, ce qu'alors nous ne savions guère, et à suivre dans un salon une conversation oiseuse, qui ne laisse rien dans votre esprit ni dans celui des autres.

J'ai peut-être bien un peu tort de juger ainsi les choses ; mais c'est là une petite boutade que vous voudrez bien permettre à votre grand'mère, n'est-ce pas?

Je reviens à mon sujet :

La première pensée à laquelle tu dois t'arrêter, ma fille, c'est que tu ne dois plus vivre par toi et pour toi, comme tu l'as fait jusqu'à ce jour.

On pensait pour toi, tu dois penser pour les autres.

Beaucoup de jeunes filles se figurent, en entrant en ménage, qu'elles se mettent sous la domination d'un maître.

Ni le mari ni la femme ne doivent, à mon avis, le comprendre ainsi. Si le mari a plus de savoir, plus d'expérience, ce qui arrive ordinairement, il doit chercher à diriger sa femme qui, de son côté, ne doit pas user de sa faiblesse pour devenir, à force d'exigence, un tyran.

Ni l'un ni l'autre ne doit se dire : Je serai le maître. Il doit y avoir, dans un bon ménage, une égalité absolue, chacun ayant action ou contrôle sur les choses qui sont de son ressort.

Il s'agit seulement de les bien définir. En général, le mari s'occupe de l'extérieur, c'est-à-dire des travaux qui apportent les ressources à sa famille, et la femme garde pour elle ce doux aménagement de l'intérieur, qui doit rendre la vie heureuse et facile à ceux qui l'entourent.

Les hommes ne sont pas plus parfaits que nous, ma fille ; mais disons-le tout bas, pendant que nous sommes entre nous, ils ont la prétention de l'être davantage.

Ne heurtons pas trop carrément cette croyance à une supériorité dont leur éducation leur inculque la pensée, et que leur instruction, en général beaucoup plus étendue que celle des femmes, semble presque toujours justifier.

Nous arriverons à les convaincre du contraire, en développant nous-mêmes notre intelligence et en leur prouvant qu'elle peut même servir à l'amélioration du pot-au-feu.

Dès les premiers jours de ton mariage, prends au sérieux le rôle de maîtresse de maison, et sois sûre que ton mari lui-même t'en sera reconnaissant.

Ce n'est pas en courant le jour entier pour faire des visites oiseuses ou en t'attardant dans les magasins à la mode que tu apprendras la direction de ton intérieur.

Quelques têtes légères riront de toi, peut-être. Que t'importera, ma chère fille? J'ai souvent pensé qu'une seule approbation cordiale, venant d'une personne éclairée, nous dédommageait amplement de l'ironie des fous.

Les faux amis et les gens futiles pullulent dans le monde, ce sont même ceux qui nous paraissent les plus agréables. Sais-tu quel est le vrai moyen de les reconnaître? Examine-toi toi-même : leurs conseils ne sont jamais en accord parfait avec ta conscience.

J'ai toujours entendu dire que ce que l'on appelle la lune de miel, c'est-à-dire les premiers mois après le mariage, était le plus heureux temps de la vie.

Sous peine de passer pour prononcer un affreux paradoxe, je crois, moi, presque le contraire :

Supposons deux jeunes époux, guidés par les meilleures intentions du monde, mais se connaissant à peine, comme cela se trouve en général dans les mariages de nos jours.

Ils arrivent en ménage avec beaucoup d'illusions, un grand désir de marcher bien d'accord dans la vie.

Mais, qu'arrive-t-il, trop souvent, hélas?

C'est que, dès le premier jour de la vie commune, on s'aperçoit avec étonnement que l'on s'est beaucoup trompé.

Où l'on avait rêvé le sacrifice et le dévouement, on rencontre parfois un peu d'égoïsme ; où l'on espérait trouver joie et gaieté, on se heurte à la mélancolie, où l'on attendait un sourire, on aperçoit un front plissé par une légère déception!

S'il y a affection ou sympathie de nature entre les deux époux (et je ne voudrais pas qu'il y eût de mariage sans cette garantie), ils arrivent vite à penser et à comprendre que l'intérêt de leur commun bonheur doit les porter à se faire des concessions mutuelles.

Si cette sympathie spontanée n'existe pas, leur

raison, leur intelligence et leur cœur doivent encore amener ce résultat.

Ces concessions nécessaires sont nombreuses, elles sont continuelles, lorsqu'on ne se connaît pas encore et que l'on est dans un constant tâtonnement des caractères, mais leur résultat certain est la paix et le bonheur dans la famille.

Rien n'est long et difficile comme l'étude d'un caractère; mais si tu le fais avec conscience, et le désir sincère de conformer sur cette étude ta conduite à venir, tu éviteras sûrement de donner à tes amis ce triste spectacle d'un ménage désuni, où les scènes, les bouderies et les discussions de toutes sortes remplacent le bonheur : combien de fois ne s'éloigne-t-il de nous que par notre faute!

La volonté sincère d'être agréable à ceux avec lesquels nous vivons nous porte nécessairement à nous étudier aussi nous-mêmes et à apercevoir nos imperfections. On a bien moins le loisir alors d'examiner celles des autres. Souviens-toi bien de cette maxime, Pauline; *moins tu auras de défauts plus tu auras d'indulgence pour ceux des autres.*

— Voilà pourquoi grand'mère a tant de bienveillance pour tout le monde, dis-je en m'avançant pour embrasser notre chère donneuse de conseils.

— Flatteuse, me répondit-elle. Te voilà cause que je ne sais plus où j'en suis, et que je vais être obligée d'interrompre ma causerie. — Mais, tu ne perdras rien pour attendre, Pauline, j'ai encore tant de choses à te dire! A un mois d'ici, ma fille! Tu seras alors une vieille mariée de quinze jours, et nous pourrons parler raison et économie domestique, ce qui te ferait un peu plisser le front aujourd'hui.

Pauline embrassa grand'mère avec toute l'expansion de son jeune bonheur.

— Je t'ai bien comprise, lui dit-elle, et j'espère que mon mari sera le plus heureux des hommes, comme je veux être, moi, la meilleure des femmes.

QUATRIÈME VISITE

L'HABITATION DE GRAND'MÈRE

J'entre chez grand'mère, et je m'y trouve seule!

Personne dans son petit salon, personne dans sa chambre!

Grand'mère habite un rez-de-chaussée, ouvrant sur un petit jardin, au fond duquel se trouve une rotonde, abritée par quelques arbres de haute futaie. On y est si bien isolé des bruits du monde, si bien garanti contre les atteintes de la chaleur, que grand'mère s'y réfugie souvent, l'après-midi, pour faire la sieste.

Pendant que je me trouve seule chez elle, et que je puis examiner à loisir ce paisible intérieur, je vais vous esquisser quelques détails, sur lesquels je n'ose trop m'appesantir lorsque grand'mère illumine tout de son sourire.

Les meilleurs conseils viennent toujours de l'exemple, et en ce moment je prends l'exemple à sa source.

Examinons le salon, d'abord.

Il est petit, assez élevé de plafond, et largement éclairé et aéré par deux croisées, ouvrant sur le jardin, au-dessus duquel il a l'élévation d'un entresol.

Ces deux croisées, ordinairement garnies l'hiver d'épais rideaux de laine, ont perdu leur aspect hivernal, en revêtant, pour la chaude saison, de frais et blancs rideaux de mousseline suisse, tout unie, garnie d'un haut volant ourlé. Dans l'ourlet est passé un petit ruban bleu. Les rideaux de vitrage ne diffèrent que par le volant, qui est petit et tuyauté.

La causeuse, les fauteuils, les chaises, même les coussins, sont tous recouverts d'une housse blanche, garnis d'un petit volant également tuyauté.

Ces housses sont enlevées, au moins une fois par semaine, pour empêcher les papillons de mites de déposer leurs œufs sur la laine.

Le grand tapis a été remplacé, pour l'été, par des nattes chinoises, posées, de distance en distance, devant les principaux meubles. Un treillage en bois sculpté, placé devant la cheminée, sert de point d'appui à des plantes grimpantes dont les racines sont dissimulées par une sorte de dalle, qui s'étend sur toute la largeur de la cheminée. Il me semble, en regardant ces fleurs, si fraîches et si riantes, qu'il s'exhale de chacune d'elles une de ces saines pensées, un de ces bons et aimables conseils que nous entendons, l'hiver, au coin du feu, sortir de la bouche de grand'mère.

Les guéridons et la console sont aussi garnis de vases remplis de fleurs. On voit que le petit jardin est mis à contribution tous les matins. Aussi, le salon de grand'mère a-t-il cet air de fraîcheur saine qui fait ouvrir largement les poumons. On y fait provision d'air pur et de santé.

La table du milieu n'a plus son tapis de laine, brodé par les mains de grand'mère. Il est remplacé pour l'été par un autre tapis en solide travail au crochet, une de ces œuvres inusables, que nos petits-neveux montreront avec orgueil comme un souvenir de la vieille aïeule.

Sur cette table sont étalés un grand nombre de brochures et de livres nouveaux. Tout ce que peuvent recommander la moralité et le bon goût.

Parmi eux, je remarque surtout, non sans une certaine satisfaction, les ouvrages qui sont particulièrement dus aux plumes féminines.

Grand'mère pense que les femmes qui se dévouent à l'éducation morale — et, en général, les écrits féminins marchent tous vers ce but — doivent être encouragées et soutenues surtout par les autres femmes.

Elles rencontrent plus d'obstacles que les hommes dans la difficile carrière des lettres; elles sont plus souvent accueillies par le sourire de l'ironie que par celui de l'approbation. Nous leur devons donc, en compensation, un encouragement et un appui, pour leur dévouement et souvent pour leur courage.

Dès que paraît l'annonce d'un livre écrit par une femme, grand'mère se le procure d'abord pour le lire. C'est ce qu'elle appelle faire connaissance avec lui.

Si la connaissance lui convient assez pour qu'elle entre en relations, le livre est placé sur la table du salon.

Heureux celui qui est jugé devoir passer à l'état d'ami ! Il est soigneusement relié, et nous le retrouvons dans la bibliothèque, qui est dans la chambre de grand'mère.

Lorsque j'ai tout vu autour de moi, je relève un peu la tête.

Les murs ne sont point placardés d'une quantité de toiles, grandes et petites, dont on les garnit, avec plus de luxe que de discernement, dans certaines maisons.

Quelques paysages plutôt choisis parmi ceux qu'elle aime que parmi les œuvres d'artistes célèbres, quelques intérieurs familiers où l'art le dispute au sentiment, voilà à peu près tout ce que je remarque sur les murailles. J'en excepte cependant deux tableaux hollandais, attribués à Rembrandt, et ornant les deux côtés de la cheminée. Ce sont les perles du salon; l'histoire qui les a fait tomber entre les mains de grand'mère est si touchante, que tout l'or du monde ne suffirait pas à payer le bonheur qu'ils lui ont donné un jour, le souvenir de satisfaction intime qu'ils lui ont laissé pour toute sa vie.

Cette histoire ne peut trouver sa place ici; je vous la raconterai une autre fois, afin de vous prouver qu'il y a encore de grandes vertus et de grands cœurs sur la terre.

En continuant mes explorations, je m'arrête devant deux petites étagères, placées dans les angles, vis-à-vis l'une de l'autre.

Vous croyez peut-être que je vais y trouver toutes ces luxueuses chinoiseries, ces mille objets, disparates et ébréchés, achetés sous prétexte d'antiquité, et qui font ressembler les salons de nos jours à des boutiques de bric-à-brac?

Détrompez-vous. Grand'mère a le goût plus original.

Elle choisit ce qui lui plaît et ce qu'elle aime, sans s'occuper des lois imposées par une mode souvent ridicule ou incommode.

A part deux ou trois vieilles faïences conservées là comme anciens souvenirs, je ne vois sur les étagères que des objets à peu près modernes.

Ici, c'est un travail, délicat et léger, offert comme son chef-d'œuvre par un ouvrier ébéniste. C'est un témoignage de reconnaissance pour quelque service rendu par grand'mère.

Là, c'est une coupe de porcelaine, première peinture d'une jeune fille, achetée pour l'encourager dans un travail, où elle devait trouver le soutien d'une vie honorable.

Plus loin, ce sont des émaux, dont la valeur a aidé un père de famille à se recréer une position après les désastres de la guerre.

Et n'allez pas croire que grand'mère prenne et achète au hasard! Elle est artiste elle-même; et, mieux que personne, elle sait choisir et apprécier.

Du salon, je passe dans la chambre à coucher.

Comme dans le salon, les lourdes tentures ont été enlevées pour les chaleurs de l'été. On n'a laissé que le tapis, dont grand'mère ne veut jamais se passer.

Les rideaux du lit et de la croisée sont en perse rose et blanche.

Ce n'est pas trop jeune, je vous assure, et cela s'harmonise admirablement avec le rayon du soleil qui filtre à travers les persiennes à demi fermées, et avec les cheveux blancs, sur lesquels ils envoient leurs doux et brillants reflets.

Devant le lit, devant le grand fauteuil établi auprès de la croisée, sont placées des nattes de paille, qui atténuent un peu la chaleur du tapis. Ces nattes, volantes, s'enlèvent du reste librement.

Près du fauteuil, dans l'embrasure de la croisée, se trouve la table à ouvrage.

Que de trésors elle contient !

Ce n'est pas une de ces tables modernes, où peuvent se loger tout au plus un dé, un étui, et un léger ouvrage de tapisserie.

C'est le véritable arsenal de la travailleuse.

L'intérieur contient tout ce qui est nécessaire au labeur féminin ; c'est-à-dire : aiguilles, poinçons, crochets, fils, laines, cotons, soies de toutes sortes et de toutes couleurs.

Au-dessous, est placée une grande corbeille, agencée de manière à tenir à la table, et où peuvent trouver place des ouvrages, même un peu volumineux, tels que tricots ou lingerie.

Tout se trouve ainsi réuni sous la main laborieuse qui le réclame.

En levant les yeux, lorsqu'ils sont fatigués par le travail, grand'mère les repose sur deux grands portraits placés en face d'elle, et représentant l'un son mari, l'autre une fille, que la mort lui a emportée toute petite, et que l'amour de ses autres enfants n'a jamais remplacée.

Aussi il y a des jours où grand'mère est triste, et personne ne lui demande pourquoi ses yeux sont remplis de larmes.

Quatre autres portraits et quelques miniatures tapissent encore les murs de la chambre.

Je posais une main indiscrète sur la clef de la bibliothèque pour vous initier aux lectures aimées de grand'mère, lorsqu'un léger bruit me fit retourner la tête.

— Curieuse ! me dit une douce voix, pendant qu'une main se posait sur mon épaule. — Tu viens ainsi me dérober mes secrets, pendant que je pense et que je travaille pour vous !

Et, comme j'allais protester et m'excuser :

— Ne te disculpe pas, ma fille, ajouta grand'mère : la leçon que tu es venue puiser ici aujourd'hui vaut mieux, sois-en sûre, que tous les conseils que j'aurais pu vous donner, sans y ajouter l'exemple.

CINQUIÈME VISITE

UNE ENTRÉE EN MÉNAGE. — LE VRAI ET LE FAUX LUXE

Notre amie Pauline est enfin revenue !

Comme tout le monde, elle a sacrifié à la mode, qui lui plaisait peut-être, et elle est partie, le jour même de son mariage, pour aller faire un voyage.

A son retour, sa première visite a été pour cette petite chambre, où elle savait qu'elle serait si affectueusement accueillie.

Nous nous sommes toutes précipitées vers elle, surtout les jeunes filles si désireuses de détails sur ce voyage de noces.

— Où êtes-vous allés, ton mari et toi? demanda un peu malicieusement grand'mère, en regardant Pauline

qui rougissait. Est-ce en Italie, en Suisse, en Angleterre ou en Amérique?

La jeune femme baissa les yeux, comme si elle
n'osait répondre.

— Enfant, repartit grand'mère en riant, et en pres-
sant dans ses mains la tête de Pauline toi aussi tu
t'assujettis donc à la mode au point de ne pas même
oser me dire que tu n'as été qu'à la campagne, où
vous vous êtes bravement internés pendant six semaines, pour laisser croire à vos amis que vous faisiez,
comme les grands seigneurs de la finance, un voyage
extra muros!

Et voilà pourtant où nous en sommes tous aujour-
d'hui, mes chères enfants!

Nous sacrifions les vraies et pures jouissances,
c'est-à-dire le bon, le beau, l'utile, au seul frivole
plaisir de paraître riches. Posséder beaucoup d'or
étant le rêve général, ceux qui ne peuvent atteindre
au Pactole veulent quand même avoir l'air d'en être
revenus les mains pleines.

Je me rappelle que, lorsque j'étais une petite fille,
et je parle de longtemps, dit grand'mère en parodiant
avec gaieté la *Lisette de Béranger,* je me rappelle que
mes grands-parents, simples propriétaires habitant
leur maison de campagne, qu'ils ne songeaient pas
alors à appeler leur château, cherchaient avant tout,
autour d'eux, un confortable sans ostentation; et,

quoique ma famille appartînt aux notabilités du pays, on nous faisait souvent mettre la main à la pâte ou à la lessive, même en présence des visiteurs, qui ne songeaient pas à s'en étonner.

On ne le fait pas de nos jours, parce qu'on craindrait d'avoir l'air de le faire par besoin.

Je n'ai nullement l'intention, mes enfants, de critiquer le présent au profit du passé; chaque époque a ses travers, et je ne doute pas que chaque étape ne soit un progrès sur sa devancière; mais je dois faire servir ma vieille expérience à vous prémunir contre les excès auxquels la jeunesse se laisse si facilement entraîner. Cela s'adresse particulièrement à toi, ma petite Pauline, au moment où tu entres en ménage.

Ce désir de paraître, qui nous envahit tout entiers, conduit à ce que l'on appelle le faux luxe. Rien n'est plus à éviter, rien ne conduit plus sûrement à la ruine.

Nous devons toujours proportionner les dépenses de notre maison aux ressources dont nous pouvons disposer; n'ayez donc que des choses simples, si vous ne pouvez les avoir riches ou luxueuses; mais que les choses simples soient, avant tout, solides et durables.

Je sais, Pauline, que la position de ton mari et la tienne, quelque bonne qu'elle soit, ne vous permet pas de monter du premier coup une maison complète.

Tant mieux pour vous, mes enfants, on ne jouit jamais des choses que l'on a trop tôt, sans les avoir désirées et sans les avoir acquises un peu soi-même !

Vous avez, ce que je souhaite à tous, un avenir qui vous sourit, s'il est établi sur le travail, l'ordre et l'économie bien entendue.

En vous mettant dans votre ménage, vous trouverez, chaque jour, quelque chose à désirer. Avec quel bonheur vous le posséderez lorsque vous l'aurez acquis, tantôt par la privation d'un plaisir fastueux ou d'un objet inutile, tantôt par un labeur supplémentaire ou par une direction intelligente donnée à votre budget !

Je sais, ma chère enfant, que tu aurais beaucoup aimé, comme quelques-unes de tes compagnes plus fortunées, avoir un appartement complet, en te mettant en ménage ; et avec la somme dont vous pouvez disposer, j'avoue que cela serait à la rigueur possible ; mais mon expérience de grand'mère va bien vite t'en détourner.

Tu ne veux pas, n'est-il pas vrai, des meubles vulgaires ?

Tu veux que tes amies, en allant te voir, admirent et... envient un peu ton bonheur !

Tu n'as pas besoin de rougir et de baisser la tête, ma chère petite ; j'ai été jeune, moi aussi, et je ne veux même pas trop l'oublier ; c'est pourquoi je lis dans ta pensée tout ce qui s'y passe. Donc, je sais d'avance que tu choisiras des objets qui seront ou qui paraîtront magnifiques !

Si tu achètes un salon, une ou deux chambres à coucher, une salle à manger, tes objets magnifiques n'auront qu'une apparence qui ne durera pas ; et, dans peu de temps, à la fin de la première année peut-être, tu auras des meubles décollés, détériorés, cachant à peine leurs tristes infirmités sous les oripeaux qui avaient la prétention de les embellir.

Voici donc ce que je te conseille.

Tu ne dois, la première année de ton mariage, recevoir que des amies tout à fait intimes.

On n'est jamais exigeant pour un jeune ménage qui veut, avant tout, se faire connaître honorablement.

C'est dans la pièce où tu recevras la première année que tu dois concentrer la plus grande partie des dépenses qu'il t'est permis de faire ; là, surtout, tu ne dois avoir en rien ce luxe faux, contre lequel je cherche surtout à te prémunir.

La mode est en ce moment au bois noir. Je suis loin de blâmer ce goût, qui me paraît sérieux et de bon aloi ; mais, pour ces meubles-là plus que pour tous autres, il ne faut s'adresser qu'à une maison parfaitement sûre. Ils attirent l'attention, précisément parce qu'ils sortent de l'ordinaire ; ils doivent donc être d'une irréprochable confection.

Moi, vieille grand'mère, dont les pensées sont parfois tristes et assombries, je ne choisirais pas une chambre de bois noir, qui attriste et assombrit encore tout ce qui l'entoure ; mais je ne puis cependant m'empêcher d'admirer l'air de grandeur sévère que porte avec lui ce genre d'ameublement ; et si j'étais jeune, je le choisirais peut-être.

Ton sourire me dit, chère enfant, que j'ai rencontré juste et que tu feras, toi qui es jeune, ce que je ferais à ta place.

Te voilà donc, blonde et gracieuse Hébé, au milieu d'une forêt d'ébène. Il ne s'agit plus que de l'organiser.

Tu feras placer, au centre de ta chambre, et autant que possible en face des croisées, un large lit, à sculptures sobres et mates, dont le dossier sera, à la tête, beaucoup plus élevé qu'aux pieds. C'est la mode, depuis que nous visons à imiter l'antique. On se figure être Louis XIV depuis que l'on porte sa perruque et que l'on couche dans son lit.

Je ne t'engage pas à prendre un lit à colonnes, cela donne un air trop monumental et impose trop de grandiose au reste de la chambre.

Ton armoire, qui doit être à glace, ta table de nuit devront être assorties à ton lit pour le bois et pour le style. Si tu le peux, c'est-à-dire si tu as, comme je te le conseille, un cabinet de toilette auprès de ta chambre, évite d'avoir dans celle-ci une commode-toilette. Ce genre de meuble, qui peut être un ornement dans une très grande chambre, m'a toujours paru être plus embarrassant que commode. Aie dans ton cabinet de toilette une très grande armoire en bois blanc, dont les étagères inférieures seront remplacées par des porte-manteaux.

Une femme soigneuse doit avoir sous la main toutes les choses qui lui sont nécessaires. Fais en sorte que les objets qui sont d'un usage journalier ne soient pas auprès de ceux qui doivent te parer dans les circonstances moins ordinaires. Leur contact défraîchit ces derniers, qui ne tardent pas à prendre l'air un peu fripé de ceux qui les touchent.

Ton cabinet devra être large, bien aéré, muni de tous les objets nécessaires à ta toilette et aux soins les plus minutieux que tu dois apporter à ta personne. Je reviens à ta chambre, dont nous devons terminer aussi la mise en scène.

Ton lit, que nous avons abandonné, est un seigneur qui demande à être entouré d'hommages.

Tel que tu l'as choisi, il t'impose une garniture convenable, mais sévère.

Beaucoup de personnes pincent dédaigneusement les lèvres et crient au rococo, lorsque l'on parle de la couleur bleue pour une chambre à coucher. J'avoue que j'ai encore la faiblesse d'aimer cette couleur.

Je t'engage donc à choisir un beau satin de Chine bleu clair, pour orner ton lit et tes croisées. La seule garniture que je te conseille est une bordure d'un bleu plus foncé, avec dessins blancs. Rien n'est joli comme cette disposition.

Ajoute à cela un tapis et des sièges assortis, la garniture de cheminée en cuivre repoussé que tu as reçue en cadeau le jour de tes noces, et tu pourras, mon enfant, te passer de salon, pour la première année qui suivra ton mariage.

En toutes choses, mais surtout pour cette première installation qui doit te donner joie ou regret, choisis toujours pour devise : « Peu, mais bien ! »

C'est pour n'avoir pas toujours suivi moi-même ce principe, que j'ai fait quelquefois de cruelles expériences dont je voudrais pouvoir vous faire profiter.

Y réussirai-je? ajouta grand'mère, en nous regardant avec son bon sourire.

SIXIÈME VISITE

M. ET Mme PIERRE LEBON CHEZ GRAND'MÈRE

L'hiver est revenu avec son cortége de tristesses ; mais, lorsque nous arrivons auprès de notre chère et si aimable grand'mère, il nous semble trouver un printemps perpétuel.

Un feu de bois, gai et brillant, brûle dans la cheminée près de laquelle est le fauteuil de grand'-mère ; vous le connaissez, ce vieux et confortable fauteuil près duquel chacun de nous cherche à se placer pour mieux entendre.

Hélas ! rien n'est plus difficile aujourd'hui ! La réunion est nombreuse, et quelque chose de solennel semble planer sur nous.

J'allais essayer de me frayer un chemin jusqu'à grand'mère, lorsque je fus arrêtée dans cette difficile opération, par l'arrivée de deux personnes, le mari et la femme, qui, depuis un temps immémorial, n'avaient pas paru aux matinées de grand'mère.

Ce fut une apparition qui me parut être attendue, car il se fit parmi les personnes déjà réunies un mouvement qui annonçait plutôt la curiosité que l'étonnement.

Je me rappelai alors certains traits malveillants, faux ou réels, qui avaient couru l'année précédente sur M. et Mme Pierre Lebon.

Le mari avait été compromis dans une affaire financière, où son honneur commercial avait subi un rude échec, et la femme avait été accusée de faits, à demi prouvés, qui avaient porté atteinte à la considération qui est due à toute femme dont les mœurs sont honnêtes.

Il n'était pas douteux que là se trouvait l'explication de leur retraite depuis qu'on ne le voyait plus dans le salon de grand'mère.

Comment allait-elle les recevoir?

Je compris alors l'air solennel qui régnait ce jour là, autour de notre chère aïeule. — On savait l'arrivée chez elle des deux accusés et chacun voulait connaître, par la conduite de grand'mère, quelle conduite il devait lui-même tenir vis-à-vis d'eux.

4

Dans le doute, tous affectaient une réserve et une froideur qui glaçaient et retenaient tous les élans qui auraient pu se produire.

Grand'mère, sans avoir l'air de se douter le moins du monde de ces préoccupations, invita les nouveaux venus à s'asseoir auprès d'elle; elle les accueillit avec la bienveillance qui lui est particulière, et qui sait si bien ramener l'aisance et la gaieté dans le cercle qui l'entoure.

Aussi, la conversation, devenue bientôt générale et animée, ne laissa plus supposer, au bout de quelques instants, qu'il pût y avoir quelque personne gênante ou compromettante au milieu de nous.

Cependant M. et Mme Pierre Lebon, un peu émus, ne tardèrent pas à se lever et à prendre congé de grand'-mère.

Aussitôt qu'ils furent partis, une voix s'éleva, questionneuse et à demi irritée :

— Ainsi, grand'mère, vous ne les croyez pas coupables, puisque vous, la femme que l'on peut appeler irréprochable, vous les avez reçus comme par le passé, avec la même bienveillance et le même sourire?

Grand'mère, qui était devenue songeuse, releva tout à coup la tête.

— Je les crois coupables, au contraire, dit-elle; mais je me souviens aussi de cette phrase : « Ce ne sont pas ceux qui se portent bien qui ont besoin de médecin. »

Comment pourrais-je être le médecin moral de deux êtres tombés dans l'erreur, mais que je ne crois pas gangrenés, si je les chassais de ma présence par un accueil froid et malveillant ? — Voici quelle est ma pensée à l'égard de M. et Mme Pierre Lebon. — Sans qu'aucun de vous s'en soit aperçu, je les ai priés de venir me voir demain, lorsque je serai seule : une leçon et un conseil ne doivent jamais être donnés en public.

— Et vous pensez qu'ils viendront pour recevoir cette leçon et ce conseil ?

— J'en suis certaine, — D'ailleurs, s'ils ne venaient pas comme je le leur ai demandé, ils n'oseraient plus se présenter ici, et la question se trouverait ainsi parfaitement résolue. — Mais ils viendront, j'en suis sûre. — La femme que l'on regarde comme irréprochable dans son honneur féminin, a une grande puissance vis-à-vis des autres femmes, surtout si celles-ci se sentent coupables. Je suis donc bien convaincue que M. et Mme Pierre Lebon désirent et recherchent mon estime, comme devant leur attirer la vôtre et celle du monde ; mais ils savent que, pour l'obtenir, ils devront mettre leur cœur et leur pensée à nu devant moi ; ils savent que je ne la leur rendrai que si leur conduite passée laisse en eux, comme elle le doit, des remords et des regrets. — Je me sens assez forte pour tout pardonner en vue d'une réhabilitation et au prix d'un sincère repentir; je ne le serais pas assez pour continuer à recevoir chez moi et à couvrir de mon égide deux personnes qui y apporteraient la honte par le scandale d'une conduite que réprouveraient les gens de bien.

— Mais, dans le doute, dit Emmeline, ne vaudrait-il pas mieux tout simplement leur fermer votre porte? Ils en comprendraient mieux leur infamie, et cela arrêterait peut-être ceux qui seraient tentés de les imiter.

— Ce n'est pas ainsi que je pense, ma chère fille; je suis convaincue, au contraire, que l'indulgence et la bonté ont ramené plus d'esprits et de cœurs égarés que la sévérité n'a jamais pu le faire.

Les femmes surtout ont envers leurs semblables une malveillance que j'appellerai cruelle; elles semblent heureuses de frapper sur celle qui a fait un faux pas sans penser qu'elles aussi peut-être auraient fait le faux pas si elles s'étaient trouvées dans les mêmes circonstances. — Je vous le dis sans hésiter, mes chères enfants; vous reconnaîtrez toujours la femme de mœurs pures à sa tolérance et à son indulgence pour les autres femmes.

Ne frappez donc jamais celle qui est tombée; tendez-lui la main pour l'aider à se relever. Si elle accepte, c'est qu'elle n'est pas encore dans la fange, et elle vous sera éternellement reconnaissante d'avoir compris qu'elle pouvait en sortir.

C'est ce que je tenterai de faire demain avec M. et Mme Pierre Lebon.

Et grand'mère, en terminant, nous tendit la main, en signe de congé jusqu'à la semaine suivante.

SEPTIÈME VISITE

L'ART DE VIVRE CHEZ SOI

Il neige, il fait froid, et grand'mère semble subir aussi les effets de ce triste temps. Elle est au coin du feu, dans sa chambre, et elle songe !...

Pauline vient d'entrer, comme nous, et grand'mère la regarde, presque avec mélancolie.

— Mes chères enfants, nous dit-elle, vous savez que je pense beaucoup et toujours à vous. Je vous vois presque toutes brillantes, aimables, spirituelles et recherchées ; mais je m'aperçois avec peine, sans que j'aie l'air de le voir, qu'il y a une science, la plus utile peut-être pour les femmes, qui manque à la plupart d'entre vous.

Je veux parler de l'*art de vivre chez soi*,

Chez certaines femmes, il est tout de nature et d'inspiration.

Elles n'ont qu'à suivre le penchant de leur cœur ou les conseils d'une intelligence cultivée. Chez d'autres, il demande une plus grande dose d'observation, et surtout une étude consciencieuse de soi-même.

Dans quelque position sociale que soit une jeune femme en se mettant en ménage, son premier désir doit être de faire le bonheur de ceux avec lesquels elle est appelée à vivre.

Elle sera le pivot autour duquel devront se mouvoir les intérêts matériels et moraux de sa maison.

C'est à cette œuvre qu'avant tout devront s'exercer ses facultés intellectuelles; c'est là qu'elle devra épancher les plus généreux sentiments de son cœur.

Nous devons donc poser comme base que le bien-être de sa maison doit être la question prédominante dans son existence. Il y a, dans la multiplicité des devoirs qui s'y rattachent, un charme auquel ne résistera aucune femme qui comprendra sagement et résolument la mission qu'elle a acceptée.

L'art de vivre chez soi conduirait peut-être les jeunes femmes à fréquenter un peu moins le monde qu'on n'en a pris l'habitude de nos jours. La maison nous captive, elle permet bien qu'on s'éloigne d'elle un peu; mais à la condition qu'on y pensera toujours...

Comment y penser d'une manière efficace lorsque, chaque soir, on prend l'habitude d'oublier que le sommeil est la chose la plus nécessaire à la santé?

Est-on disposé alors à s'éveiller le matin, pour donner des ordres aux domestiques ou pour surveiller leurs actions?

On a mal dormi, les nerfs sont agacés, le ciel est gris, et l'on est enclin à voir tout en noir, et en soi-même et dans les actions des autres.

Il faudrait donc commencer par sacrifier un peu la vie extérieure à la jouissance suprême d'être heureux chez soi.

Demandons aux femmes anglaises, dont le dévoue-ment à leurs époux est absolu, si ce sacrifice n'est pas pour elles la source des plus grandes satisfac-tions?

Levée à une heure raisonnable, la maîtresse de la maison doit commencer la journée par une surveil-lance générale, dont on lui connaîtra l'habitude.

L'œil du maître, quand on le sent toujours là, fait seul marcher une maison avec ordre et avec régu-larité.

Il y a déjà, dans ce savoir-faire, une source im-mense de satisfaction intime; cette satisfaction, celle qui l'éprouve la répand autour de soi ; elle donne de la grâce à toute sa personne et une gaieté qui se com-munique à ceux qui l'approchent.

La trouvant presque toujours occupée de son bien-être et de celui de la maison qu'elle dirige, son mari, que le tracas des affaires extérieures rend souvent sombre ou morose, rentrera avec joie dans sa demeure où l'attend l'oubli des soucis de la vie matérielle.

Lorsqu'on veut trouver du bonheur à vivre chez soi, il est nécessaire d'y rester le plus possible.

L'habitude de vivre dans notre intérieur lui donne un charme que ne connaissent jamais les femmes accoutumées à passer leur existence dans des promenades sans but, ou dans des visites oiseuses faites à travers les magasins à la mode.

On connaît tous les recoins de son domaine et on les aime, on sait les utiliser et les rendre agréables.

Quel bonheur d'avoir *sa* place auprès de la croisée ou au coin du feu ! Le fauteuil et la chauffeuse nous connaissent, le tabouret ou le coussin semblent s'avancer d'eux-mêmes sous les pieds qu'ils ont l'habitude de supporter ; et le livre, l'hôte aimé par-dessus tous les autres, encore placé sur le guéridon sur lequel nous l'avons laissé la veille, semble s'ouvrir de lui-même à la page qui nous a apporté une bonne pensée, quelquefois un sourire ou une larme.

Aucun détail, quelque minime ou frivole qu'il nous semble, ne doit nous paraître inutile dans le bonheur intérieur auquel nous aspirons.

Aussi sommes-nous d'avis que, pour être agréable à ceux qui l'approchent ou qu'elle peut recevoir, une femme doit pouvoir élever son intelligence au niveau des questions sérieuses dont elle ne fait pas son occupation ordinaire, aussi bien qu'elle devra étendre ses capacités jusqu'aux détails les plus infimes en apparence de l'organisation administrative.

Connaître et apprécier la musique et la peinture, savoir lire avec charme un bon livre ou quelques pages de poésie, ne doivent pas empêcher de savoir diriger convenablement le dîner qui réunira la famille.

Je connais bien des maisons — et le nombre en est trop grand, hélas ! — où l'irrégularité dans l'heure des repas et le désordre fatal que cette négligence amène dans l'apprêt des mets sont une perpétuelle cause de discorde entre des époux, tout remplis d'ailleurs des meilleurs sentiments l'un pour l'autre.

On ne tient pas assez compte, en général, de l'effet produit sur nous par les détails de la vie matérielle.

Les hommes surtout y sont plus sensibles que les femmes ; et il n'est pas rare qu'un bon dîner, une table bien servie, avec cet art tout féminin qui sait donner du charme aux moindres choses qu'il touche, ramène la sérénité sur un front chargé de soucis.

L'harmonie et le bonheur d'un ménage dépendent souvent de la cuisinière, disons-nous quelquefois presque en riant ; permettez-moi d'ajouter à cet axiome d'économie domestique qu'il n'y a pas de mauvaise cuisinière pour la femme qui possède véritablement l'art de vivre chez soi.

Tout y dépend d'elle, et doit marcher par elle.

Quel bonheur extérieur peut-on comparer à ces douces soirées de la famille, passées autour de la grande table qui est au milieu du salon ou de la salle à manger? Chacun y apporte son ouvrage, son esprit et sa bonne humeur? et l'aiguille court, joyeuse et vigilante, tandis qu'une voix sympathique lit à haute voix le récit commencé la veille et pour la suite duquel on attendra avec impatience la soirée du lendemain.

Cette lecture en famille, sur laquelle nous ne saurions trop insister comme étant l'un des éléments du bonheur intérieur, est aussi un puissant moyen d'éducation et de moralisation pour la jeunesse ; elle est en même temps un stimulant à l'apprentissage de cet art si charmant et si rare : savoir lire !

Et, puisque nous en sommes à ces relations de la famille, qu'il nous soit permis de signaler une des choses sur lesquelles on passe trop légèrement, dans l'art de vivre chez soi.

Cette chose est la politesse de la vie intérieure.

J'ai quelquefois vu des jeunes filles, des jeunes femmes, prendre les devants, dans la maison, sur une grand'mère, une tante ou une personne plus âgée, s'emparer quelquefois de la parole avant que la phrase commencée par une autre personne fût terminée. Elles rougiraient de commettre ces petites impolitesses en dehors de la famille ; mais elles ne s'observent pas, parce que l'on est entre soi.

A mon avis, c'est quasi le contraire que l'on devrait faire. Plus on a d'intimité, plus on doit se respecter réciproquement. C'est une habitude bien facile à prendre, et elle donne à nos relations intérieures tout le charme que certains esprits enthousiastes trouvent dans la nouveauté des relations du dehors.

Pour résumer enfin cette étude sur le bonheur de la vie intime, je dirai seulement en quelque mots :

L'art de vivre chez soi consiste, surtout, à savoir s'y trouver heureux.

Il faut y apporter un esprit attentif et une pensée toujours active pour tout ce qui concerne le bien-être général de sa maison.

Ce qui n'est d'abord qu'une étude et un travail devient peu à peu — et sans que nous nous apercevions nous-mêmes de la transition — une habitude de bonté et de bienveillance.

Quand une femme possède cet art si difficile de vivre chez soi, on peut hardiment dire d'elle qu'elle est heureuse, non seulement par ses satisfactions personnelles, mais plus encore par le bonheur qu'elle donne aux autres.

Elle n'a pas besoin des faux plaisirs que l'on cherche pour s'étourdir, et le cercle dans lequel elle vit ressemble à une atmosphère de joie douce, dont on n'ose plus s'éloigner de peur de retomber au milieu des déceptions où nous expose la vie du monde.

HUITIÈME VISITE

MAITRES ET DOMESTIQUES

Quel hiver ! dit Lucie en entrant. Comment, grand'mère n'est pas là, au coin du feu ? Grand'mère a quitté sa chambre pendant qu'il neige et que le vent souffle et pleure à toutes les portes ?

Nous nous regardâmes toutes avec une surprise interrogative, car nous éprouvions le même étonnement que Lucie.

Tout à coup Gabrielle entra en courant.

— Moi, je sais où est grand'mère, s'écria-t-elle. Je suis arrivée avant tout le monde, et j'étais là quand on est venu la chercher pour aller dans la chambre de Marianne.

— Est-ce donc qu'il y a quelque chose d'extraordinaire ? demandai-je.

—Il y a que Marianne, qui n'est plus jeune, elle non plus, a pris froid en soignant grand'mère quand elle était enrhumée, et elle est aujourd'hui dangereusement malade à son tour.

— Mon Dieu ! que deviendrait grand'mère si Marianne venait à mourir ? Les bons domestiques arrivent à être si difficiles à trouver, et grand'mère a tant besoin d'être bien servie maintenant qu'elle est vieille.

— Et nous donc, quoique nous soyons jeunes ! s'écria un peu étourdiment Pauline, qui, toute nouvelle en ménage, commençait à connaître les inconvénients d'un mauvais service.

—Oh ! nous, ce n'est pas tout à fait la même chose ! repartis-je. Nous pouvons, si une cuisinière est insolente ou si elle fait brûler ses rôtis, mettre nous-mêmes la main à la pâte ; mais quand on est vieux, comment faire ?

— Je vais vous le dire, mes chères enfants, interrompit une voix bien connue, et qui nous fit à toutes retourner la tête.

— Oui, grand'mère, venez résoudre pour nous ce grand problème, si difficile aujourd'hui pour toutes les maîtresses de maison ; comment faire pour avoir de bons domestiques ?

— La question, comme vous me la posez là, mes enfants, me paraîtrait insoluble à brûle-pourpoint, et je suis la première à en reconnaître toutes les difficultés. — Je sais que les relations entre domestiques et maîtres sont fort difficiles à bien régler et à établir sur un bon pied. Mais je lis, et je me rappelle ! — Je n'ai point oublié ce qu'étaient les Scapin et les Marinette, les Lisette et les Frontin, fourbes éhontés, dont le seul but et la seule gloire étaient de voler leurs maîtres et de les duper sans scrupules. — Pas plus que les auteurs de nos jours, Molière ne cherchait ses portraits dans sa seule imagination ; il copiait sur nature.

Nous devons cependant reconnaître que, parmi ces serviteurs insolents ou éhontés, il y avait parfois des êtres bons, aimants et dévoués aux familles qu'ils servaient, et dont ils finissaient par faire partie lorsque de longs services les en avaient rendus dignes.

Pourquoi ce genre de serviteurs est-il devenu si rare aujourd'hui ? Les causes en sont multiples ; et nous allons, après bien d'autres, chercher à nous en rendre compte ensemble.

Nous sommes, je le crois, dans une période de transition, moment toujours pénible pour ceux qui ont à le traverser. La domesticité tend à prendre une autre forme.

Elle n'est déjà plus, depuis longtemps, l'action

d'un maître absolu sur un être qu'il regarde comme son inférieur; elle est considérée comme un échange de services entre celui qui travaille et celui qui paye.

Mais, hélas ! que de heurts et de petites misères avant que, de part et d'autre, nous en soyons arrivés à comprendre nos devoirs !

Le grand principe d'égalité vers lequel nous devons tous tendre, que nous le voulions ou non, n'est pas toujours compris des maîtres ni des domestiques.

Lorsqu'une jeune fille se décide à se mettre *en service,* elle ne se préoccupe nullement de savoir si elle a les qualités et la science nécessaires à l'accomplissement de sa tâche. Elle n'est allée pour cela à aucune école d'apprentissage.

Ce seront donc les premiers maîtres qu'elle va avoir qui seront chargés de son éducation.

S'il y a bon vouloir, bienveillance et douceur de part et d'autre, l'entreprise peut être facile. Mais combien de fois cela arrive-t-il ? A peine la domestique est-elle entrée en fonctions, que, le plus souvent, au lieu de se considérer comme l'alliée de la famille dans laquelle elle est reçue, elle se pose en état d'inimitié. Elle est envieuse de ce qu'elle n'a pas et elle le fait sentir; elle ne comprend pas toujours que le bien-être, le luxe même qui entourent ceux qu'elle sert ne sont que le résultat du travail, de l'ordre, de l'économie; elle ne sait pas par combien de labeurs, d'inquiétudes, de préoccupations de toute sorte est souvent acheté le pain qu'elle mange.

Et, pour réparer ce qu'elle croit être une injustice, la pauvre créature, dont les instincts ne sont dirigés ni par une éducation préalable ni par une intelligence à laquelle le développement a manqué, cherche à rétablir l'équilibre en imposant à ses maîtres, par un gaspillage dont elle profite, des dépenses exagérées qu'une sage administration ne peut accepter.

Il arrive cependant, le plus souvent, que ces mauvais instincts ne se développent pas tout seuls : ils sont encouragés par la négligence de la maîtresse de maison.

Voilà pour les serviteurs.

Quant à l'autre, le maître, dont l'esprit est plus cultivé et l'intelligence plus développée, comment comprend-il aussi ses devoirs?

Le plus souvent le serviteur est traité par lui avec l'indifférence la plus absolue. C'est une chose nécessaire que l'on prend à son service, comme un meuble de salon ou de cuisine, souvent avec moins d'intérêt encore.

On ne s'occupe pas de ce cœur, de cette âme, de cette pensée qu'un regard affectueux ou une douce parole ramèneraient dans le bon chemin; on ne cherche pas à savoir quelles sont les idées de cet être, qui a les mêmes aspirations et les mêmes besoins que nous, et que nous mettons chaque jour aux prises avec toutes les tentations que lui donne une vie de luxe dont il ne doit pas avoir sa part.

Beaucoup de maîtres se préoccupent de leur chien, beaucoup de femmes de leur chat ou de leur perroquet, avec mille fois plus de sollicitude qu'ils ne le font pour les serviteurs dont le bien-être dépend de leur volonté. Que de bons services et de bons serviteurs nous perdons souvent par notre propre faute! Cependant, il faut le reconnaître, le domestique en qui nous trouvons un ami dévoué n'est pas une rare exception. J'ai connu plusieurs maîtresses de maison résolues à tenter l'épreuve avec bonté et avec intelligence; elles y ont réussi.

Vous le savez, mes enfants, après plusieurs tentatives inutiles, c'est ainsi que j'ai agi avec Marianne, qui est devenue l'amie de ma vieillesse.

On a souvent cité des dévouements de serviteurs, comparables seulement au dévouement et à l'affection maternels; on ne les cite, je le sais, que parce qu'ils sont rares; mais j'en connais un exemple parmi mes relations personnelles. Mme M***, une de mes chères et vieilles amies, avait pris jeune, comme je conseillerai toujours de le faire, une enfant de la campagne peu développée et dont l'intelligence était des plus ordinaires. Mme M*** est

bonne, patiente ; et quoique ses impressions aient
toute la vivacité que donne une grande intelligence,
elle sait les dominer assez pour avoir la puissance
de diriger les autres.

Elle a fait de sa petite villageoise un cœur aimant,
une âme élevée, une amie dévouée : aussi, un jour
est venue où la fortune l'ayant abandonnée, quand
elle déclara à la servante qu'elle ne pouvait plus
garder de domestique, Thérèse lui répondit : « L'ar-
« gent dont vous avez payé mes services n'est rien,
« Madame, à côté du bon cœur que vous m'avez
« montré ; et, m'offrit-on tous les trésors de la terre
« pour vivre loin de vous, je n'en voudrais pas, me
« trouvant mille fois plus heureuse de vivre pauvre
« auprès de ma chère maîtresse. »

Depuis ce jour, ces deux femmes, devenues deux
compagnes, réunissent leurs efforts et le résultat de
leurs travaux pour arriver à un bien-être commun
souvent bien précaire ; mais elles savent se trouver
heureuses. Les privations à deux sont moins tristes
souvent que l'abondance avec l'isolement du cœur.

— Tout ce que tu nous racontes là est bien beau
en théorie, grand'mère, s'écria Pauline ; mais, quand
on est aux prises avec la vie pratique de chaque jour
qui nous amène souvent des domestiques prêts à nous
tromper, s'entendant entre eux pour former une
ligue qui n'a d'autre but que l'exploitation des maîtres,

quand nous ne pouvons faire un pas sans méfiance, quand on nous réclame des salaires beaucoup au-dessus de la valeur des services rendus, quand on est en présence de toutes ces misères, penses-tu que l'on doive les accepter comme une conséquence inévitable de l'ordre des choses vers lequel nous marchons, ou devons-nous nous montrer intraitables devant d'aussi injustes exigences?

— Tu me poses là, ma fille, la question sous sa forme la plus attristante. Mais ce que tu prends pour la règle est, crois-moi, l'exception, car aujourd'hui, aussi bien qu'autrefois, nous avons des serviteurs dévoués. Mais, toutefois, nous ne devons, sous aucun prétexte, et avec une faiblesse que je serais tentée d'appeler de la lâcheté, supporter chez un serviteur un service volontairement mal fait, ni un gaspillage onéreux qui peut avoir, pour la famille qui l'accepte, les plus désastreuses conséquences. Le rôle d'une maîtresse de maison est de veiller à tout ; sa vigilance doit éviter la perte d'aucune ressource. Ce qui ne peut servir à l'un peut toujours s'utiliser à l'usage d'un autre.

Ne craignez donc pas, quel que soit l'ennui que vous éprouviez à avoir de nouveaux serviteurs, de vous débarrasser avec promptitude et énergie de ceux qui, trop gangrenés pour pouvoir se réformer, introduiraient chez vous de mauvais exemples et un désordre qui, le premier pas uue fois fait, deviendraient de jour en jour plus préjudiciables.

— Et s'il se passe un temps infini avant de trouver le serviteur que l'on désire ; si, par les exécutions que toi-même tu juges nécessaires, il se produit des interruptions forcées dans le service, comment faire alors? demanda Pauline.

Grand'mère sourit, car c'était précisément là qu'elle voulait en venir. Elle continua :

— Dans la situation que tu dépeins, et qui peut se présenter quelquefois, mon enfant, je ne vois d'autre remède que la capacité de la maîtresse de maison elle-même. Il faut qu'elle sache, qu'elle puisse se passer, pendant quelques heures ou pendant quelques jours, des services d'autrui et qu'elle soit capable de servir sa maison, sa famille et elle-même.

Lorsque les domestiques seront bien convaincus qu'ils ne sont plus *indispensables*, lorsqu'ils verront qu'il est possible à la rigueur de se passer de leurs services, ils en viendront à comprendre que la bienveillance et le support mutuels sont les seuls moyens de rendre leur position et la nôtre agréables ou même tolérables. Ils verront qu'ils ont besoin de nous, tout autant que nous avons besoin d'eux.

Voilà, ma fille, le seul palliatif que j'aperçoive à notre portée en ce moment. Le grand remède, celui que nous reconnaissons comme indispensable, chaque fois que nous entreprenons une question régénératrice, c'est une *éducation première* qui nous enseigne à tous que chaque *droit* doit être justifié par un *devoir* accompli. Quand arriveront le médecin et le remède?

NEUVIÈME VISITE

CE QU'EST UNE BONNE ÉDUCATION

L'hiver avait été si rude que, malgré tout notre amour pour les entretiens de grand'mère, plusieurs d'entre nous avaient dû préférer le coin du feu à la visite que nous lui faisons tous les premiers du mois.

Lorsque j'arrivai, grand'mère était donc presque seule.

Elle avait la tête appuyée sur la main gauche, tandis que la droite feuilletait un livre placé devant elle sur sa table de travail.

Grand'mère paraissait réfléchir profondément.

Je m'avançai doucement derrière elle, et, posant ma main sur son épaule :

— Ah! je t'y prends! m'écriai-je en riant. — Tu nous disais depuis longtemps que tu étais trop vieille pour t'intéresser à la lecture des romans, et je te vois sous les yeux un de ceux que tu nous as déclarés t'être le moins sympathiques.

— C'est vrai, répondit grand'mère; mais, à mon âge, la lecture est moins une distraction qu'elle n'est une étude; si tu me vois lire ce roman, ce n'est point que j'aie cherché à oublier que vous n'étiez pas là, mes chères enfants; mais c'est parce qu'il y a précisément dans ce livre une foule de pensées contradictoires avec les miennes; j'oblige ainsi mon esprit à réfléchir et à coordonner ses propres idées. C'est ainsi, je crois, que nous devrions toujours comprendre la lecture, qu'il faut apprendre à faire pour soi-même comme on apprend à la faire pour les autres.

Je suis presque satisfaite que toutes nos jeunes amies aient manqué aujourd'hui à l'appel, cela me permettra de te communiquer des réflexions qui ne peuvent pas toujours être comprises par des têtes encore un peu légères.

Je t'ai dit que je n'aimais pas ce livre, et voici pourquoi : c'est qu'il ressort, de toutes ses appréciations, que la femme sans fortune doit être à peu près abandonnée à ses propres forces, pour son développement intellectuel; que l'éducation qu'elle recevra doit tendre à améliorer chez elle les qualités physiques et peut-être le sens moral, mais qu'elle ne peut prétendre à aucune des satisfactions que donne une intelligence élevée et cultivée.

Cette façon de comprendre la direction féminine me paraît aussi fausse qu'elle est dangereuse.

J'ai toujours pensé, au contraire, que, plus l'intelligence est développée, plus elle nous sert à accepter et à améliorer la position dans laquelle nous pouvons nous trouver.

En général, et ceci est devenu un axiome, l'homme fait sa position et la femme la subit; mais si elle est obligée d'accepter un grenier pour logement et qu'elle sache remplir ce grenier avec des roses, ne rendra-t-elle pas sa demeure plus agréable que celle qui y laissera des araignées? L'intelligence sert autant à la confection du pot-au-feu, qu'elle peut être utile aux réceptions d'un salon ministériel.

Je crois donc, au rebours de tant d'auteurs de grand talent, parmi lesquels je mettrai en première ligne notre illustre Balzac, que, quelle que soit la position dans laquelle le sort nous a placées, nous devons être prêtes à tout : pouvant accepter la situation élevée et indépendante, si elle se présente à nous ; sachant supporter les privations d'une position médiocre, si nous ne pouvons arriver aux grandeurs que la sagesse nous empêchera de désirer.

Partout et toujours le développement de l'intelligence, si ce développement est sérieux, nous aidera à embellir notre vie et celle des êtres aimés qui dépendent de nous.

L'éducation vulgaire, c'est-à-dire celle qui nous laisse complétement terre à terre, nous abandonne, le plus souvent, à des habitudes ou à des goûts grossiers qui enlèvent tout le charme que nous devons répandre autour de nous. Il y a au contraire, auprès de la femme dont les pensées se sont élevées, un parfum d'élégance qui rend agréables les moindres objets dont elle s'occupe ou dont elle s'entoure; et, pour aller plus loin encore, je ne craindrai pas de dire que la bonté du cœur est, bien souvent, le résultat de l'élévation de la pensée.

S'occupera-t-on de toutes les mesquineries de l'envie ou de la jalousie féminine, lorsque, après l'accomplissement de ses devoirs de fille, d'épouse ou de mère, on pourra délasser salutairement son esprit dans l'étude d'un art aimé, ou dans l'enthousiasme que fera naître une découverte utile à la science ou au bonheur de l'humanité.

— Cependant, grand'mère, vous nous l'avez dit souvent vous-même, il faut prévoir l'adversité et s'adonner, avant tout, à quelque travail pratique avant de s'occuper des choses qui ne donnent que de l'agrément à notre vie?

— Est-ce que je dis le contraire en cet instant, ma

fille? Je le répéterai toujours comme le résultat d'une conviction absolue, on ne doit jamais élever un enfant, fille ou garçon, en vue d'une existence oisive; et si je demande qu'on lui enseigne les arts, qui pour beaucoup d'entre nous ne sont qu'un délassement, c'est bien plus encore pour qu'il puisse s'en faire une ressource contre les jours mauvais, contre lesquels aucune fortune ne saurait nous garantir sûrement.

Je ne suis donc pas d'avis, comme je le vois en usage dans la plupart des familles aisées, que l'on fasse effleurer aux enfants tous les arts d'agrément, apprenant ici à dessiner pauvrement un paysage, là à jouer médiocrement une sonate, dont on est appelé tous les jours à entendre une exécution parfaite. A mon avis, il faut, tout en cultivant toutes les facultés d'une manière générale, que les personnes chargées de la direction de la jeunesse s'appliquent d'abord à étudier les goûts et les aptitudes des enfants qui leur sont confiés; les goûts et les aptitudes une fois connus, que l'on dirige l'éducation vers les choses où l'enfant a le plus de chances de réussite.

J'aimerais mille fois mieux avoir un fils habile mécanicien, quoique celui-ci soit le plus souvent considéré comme un ouvrier, que de me déclarer orgueilleusement la mère d'un sot avocat ou d'un ignorant médecin, encore moins d'un inutile usant des bottes vernies et des gants de chevreau sur le boulevard.

— Hélas! grand'mère, vous voyez les choses d'un peu haut aujourd'hui, comme une personne détachée des mesquineries et des préjugés de la vie courante avec lesquels nous sommes cependant obligées de compter, nous qui en subissons les conséquences.

— Je l'admets comme toi, ma fille ; aussi t'ai-je dit en commençant que j'étais satisfaite que nous fussions presque seules afin de pouvoir te communiquer certaines pensées qui, aux yeux de bien des gens, peuvent passer pour des utopies, mais qui pourraient bien faire tout doucement leur chemin et arriver un jour à être considérées comme des axiomes. Les vieilles gens visent quelquefois juste avec leurs lunettes, ajouta grand'mère en riant, comme elle le faisait quand elle pensait une malice.

Si mes principes étaient acceptés, continua-t-elle, penses-tu que nous verrions autour de nous tant de mendiants, de vagabonds, d'êtres déclassés et de femmes marchant en aveugles dans la vie?

Avec le développement des facultés, qui amène nécessairement l'amour du travail, arrive aussi l'amour de l'ordre, de l'économie et de l'épargne pour l'avenir.

On rêve de continuer pour soi et pour les siens un bien-être dont on a pris l'habitude, sans qu'il arrive jamais à l'exagération des dépenses insensées auxquelles on ne s'abandonne que par oisiveté.

Nous ne voyons pas souvent courir à une ruine désastreuse l'être dont la pensée, utilement occupée, marche vers un but sagement entrevu.

Il y a en nous, comme dans toute la nature, une harmonie dont nous subissons inconsciemment les effets.

C'est de cette harmonie, habilement dirigée, que doit naître le bonheur individuel et le bien-être général; et..., veux-tu me permettre une petite digression qui touche un peu à la politique? demanda grand'mère. Bah! tous les esprits sont tellement en ébullition en ce moment que cela n'apportera pas beaucoup plus de chaleur à la cuisine parlementaire! Eh bien, je te dirai tout simplement, entre nous, que c'est précisément ainsi que l'on doit comprendre ce grand mot de République, qui enthousiasme tant les uns et épouvante tant les autres. Je le définis ainsi et non autrement : « Le bonheur individuel découlant du « bonheur général, basé sur le grand principe de la « solidarité. »

Ici grand'mère s'arrêta pendant quelques instants. Je m'approchai d'elle... Elle était profondément endormie!

Avait-elle rêvé tout ce qu'elle venait de me dire? Je suis encore à me le demander; mais, à coup sûr, je ne lui en poserai jamais la question à elle-même.

DIXIÈME VISITE

LE CHOIX D'UNE COMPAGNE

Jules est un grand garçon de vingt-six ans, aimable, spirituel, instruit, dont grand'mère raffole parce qu'il aime mieux, bien souvent, passer auprès d'elle une soirée intime, quand il pourrait se lancer au milieu du monde et de ses plaisirs.

Grand'mère, qui est d'avis que les jeunes hommes doivent se marier de bonne heure, tourmente Jules pour qu'il prenne femme pendant sa jeunesse.

Elle avait choisi, pour développer ce thème, un jour où des mamans et quelques jeunes gens formaient seuls son entourage.

— Eh bien, grand'mère, dit enfin Jules à bout

d'arguments, choisis-moi toi-même une femme, et je te promets de l'accepter les yeux fermés !

— Oh! qu'elle est grave la responsabilité que tu fais peser sur moi! dit grand'mère avec conviction. Cependant, comme je n'ai que le désir de te voir heureux, je veux accepter la tâche.

Voyons, passons en revue les quelques types de jeunes filles qui pourraient, non pas te convenir, mais trouver grâce devant mon ostracisme cruel, du moment qu'il me faut songer à ton bonheur.

— Tiens-tu beaucoup à la beauté? poursuivit grand'mère.

Jules eut une sourire significatif qui voulait dire : « Mais à quoi tiendrais-je donc? »

— Je suis loin de blâmer ton goût pour une jolie femme, reprit son interlocutrice; mais ce mot de beauté est si élastique, que je voudrais que nous nous entendissions bien là-dessus. — Moi, j'appelle beauté l'harmonie qui résulte d'un regard intelligent et bon, d'une bouche où se lisent la franchise et la gaieté, et d'une taille dont l'élégance se devine sans avoir besoin de secours factices. — Certes, cette beauté-là, non seulement me paraît agréable et bonne, mais je la considère comme une des bases du bonheur de la famille. Donc, ta femme sera jolie; mais comme je l'entends. — Voilà pour satisfaire ton goût.

Pour satisfaire mes exigences, elle sera bonne.

Sans la bonté, la femme pour moi n'existe pas.

Elle sera instruite et intelligente, car elle doit être, non la première servante de la maison, mais la directrice et l'instigatrice du bonheur de tous ceux qui l'entourent; elle doit être la compagne éclairée, capable de donner à son mari des conseils intelligents dans les circonstances difficiles où peut le placer la vie; elle doit être l'éducatrice de ses enfants, auxquels il ne faut jamais donner une idée fausse ou erronée. En outre, elle sera économe et laborieuse, deux qualités sans lesquelles une maison ne saurait marcher.

Ne souris pas et ne prends pas surtout cette pensée pour un paradoxe :

« C'est l'économie de la femme qui fait le bonheur ou le malheur de la famille. »

— Tu admets bien, grand'mère, que nous y contribuons aussi pour une part!

— Sans doute; mais cette part dépend encore, presque toujours, de la femme.

Si vous avez des qualités de cœur et d'intelligence propres à faire le bonheur de votre ménage, et que ces qualités soient, comme cela arrive souvent, entravées par les défauts de votre compagne, vous fuyez la maison et devenez mauvais, d'excellents que vous auriez été sans cela.

Un homme qui aime la vie intime, l'ordre et le bien-être que nous offre le coin du feu bien compris, et qui, après une journée de lutte ou de labeurs, trouve au logis une femme désordonnée ou dissipatrice, qui ne sait pas donner à ce petit coin de feu ce je ne sais quoi féminin qui en fait le paradis de la famille, cet homme à qui on présentera une table incomplètement servie, des enfants mal élevés ou malheureux, une figure malgracieuse au lieu du sourire qu'il a le désir de voir et le droit d'espérer, n'aura-t-il pas la pensée de retourner en arrière et de chercher ailleurs le bonheur qu'il ne peut rencontrer chez lui?

Que ce soit, au contraire, le mari qui ait tous les aimables défauts que nous venons de prêter à la femme, qu'il soit prodigue et dissipateur, de mauvaise humeur dans sa famille, peu enclin à l'affection et au bonheur du chez soi; une femme bonne et intelligente saura souvent changer ses tendances et son humeur acariâtre; et, si elle ne peut y parvenir, elle en saura toujours atténuer les effets.

Son mari est prodigue... elle sera plus économe, plus laborieuse et plus ordonnée. Il est avare et maussade... elle en dissimulera les effets auprès de ceux qui l'entourent.

Il ne témoigne pas à ses enfants l'affection qu'ils ont le droit d'en attendre... elle trouvera dans son cœur des trésors d'affection qui équilibreront la balance.

Une mère sait toujours aimer pour deux !

Rien n'est donc plus important, mon enfant, que le choix de la femme que tu dois épouser.

En général, et note bien qu'il y a à cette règle de très nombreuses exceptions, les jeunes filles élevées à Paris ont une éducation plus mondaine que celles qui ont passé leur jeunesse en province.

Leur développement y est peut-être plus artistique. si je puis m'exprimer ainsi ; elles sauront peut-être mieux harmoniser les fleurs de leur vie ; mais elles connaîtront moins les moyens de se les procurer.

J'aimerais donc mieux, puisque les plus habiles combinaisons échouent presque toujours dans les décisions de ce genre, te voir prendre ta femme dans une petite ville ou aux champs.

Élevée au milieu de la nature, elle en comprend mieux les grandeurs et la simplicité; et, avec la faculté d'assimilation que les jeunes filles possèdent à un si haut degré, elle aura bien vite deviné les besoins et les habitudes de ta vie de citadin un peu sybarite.

Cherche ta femme dans une famille où il y ait au moins deux ou trois enfants. Sœur, elle sera habituée à s'occuper de ceux qui l'entourent, et elle ne sera pas absorbée par l'amour d'elle-même.

Il y a, certainement, de charmantes filles uniques ; mais, en général, elles sont adulées par toute la fa-

mille, père, mère et grands-parents. Ainsi traitées
en idoles, elles s'accoutument à ce que tout n'existe
que par elles et pour elles, et, bien souvent, le mari
doit prendre la survivance des parents, sous peine de
rendre sa femme malheureuse ou d'être malheureux
lui-même.

No prends pas surtout ta femme pour sa fortune; tu
en aurais plus tard d'amères déceptions.

La jeune fille qui n'a que de l'argent est habituée
à n'estimer que cet argent et les jouissances qu'il
peut lui procurer; et elle apporte, avec une riche dot,
tous les goûts qui en savent dépenser le revenu et
souvent le capital.

Si, après que tu l'auras choisie pour ses qualités
personnelles, elle se trouve avoir de la fortune, ne la
dédaigne pas, au contraire; mais garde-toi d'en faire
le motif exclusif de ton choix.

— Dieu! Que tout cela est difficile! s'écria Jules,
presque désespéré et tout près de déclarer à sa bienveillante conseillère qu'il renonçait à se marier.

— Pas si difficile que tu le crois, répondit doucement grand'mère. — Je connais, dans une petite ville,
à cinquante lieues de Paris, à peu près, deux sœurs,
deux jeunes filles charmantes, réunissant toutes les
conditions que je désire rencontrer dans la compagne
que tu choisiras. — Il y a deux ans elles ont perdu
leur mère, et elle les avait élevées de telle façon

que, maintenant qu'elle fait défaut à la famille, le père, un digne professeur, ne trouve aucun changement dans la direction de la maison et dans le bien-être auquel il est habitué, et les deux cadets, petit Paul et Marie-Louise, tout jeunes encore, ont deux mamans au lieu d'une, depuis que la véritable mère est partie.

Ne veux-tu pas aller voir si Thérèse ou Isabelle te paraissent dignes de l'honneur de devenir ma petite-fille?

Sans répondre, Jules sauta au cou de grand'mère, qu'il embrassa de tout son cœur, comme il le fait toujours, et je suis certaine qu'il est en ce moment à boucler sa malle, qui ne tardera pas à être mise en chemin de fer, en compagnie de son heureux propriétaire.

ONZIÈME VISITE

AUTREFOIS ET AUJOURD'HUI

— J'ai l'intention aujourd'hui, mes chers enfants, nous dit grand'mère en entrant dans sa chambre où nous l'attendions au coin du feu, de vous faire part de quelques réflexions qui me sont suggérées par la prétention, qu'il me semble voir chez tout le monde de nos jours, de se mettre en évidence et d'attirer l'attention sur soi.

Chacun de nous se regarda, comme si cette petite attaque l'intéressait personnellement.

Grand'mère avait frappé si juste, qu'elle ne put retenir un sourire.

— A peine une petite fille a-t-elle six ans, que

déjà elle essaye de copier sa mère ou sa grande sœur, et elle se pavane dans une toilette ridicule, pensant être *quelqu'un* dont on doit s'occuper. — Le petit garçon, à dix ans, a fait ses premiers alexandrins ou ses premières odes à la lune, et il s'étonne, après l'admiration de ses grands-parents, que les journaux ne chantent pas à l'envi ses louanges, et que le monde reste froid ou muet devant l'apparition de ce merveilleux poète.

La jeune fille ou la jeune femme qui a chanté une romance ou joué une sonate dans un salon croit égaler ou surpasser les plus grands artistes, qui ont passé leur vie à développer leur talent naturel par le travail pour arriver au succès. On prend une plume et on écrit un article, sur n'importe quel sujet, pour faire parler de soi. On veut voir son nom imprimé, ne fût-ce que sur la muraille de son village, parce que l'on se sort ainsi de la foule, dont personne ne veut plus faire partie.

Pour chacun de nous, la foule, c'est le voisin, c'est vous, c'est lui, ce sont les autres ; mais personne ne consentira à dire : c'est *moi!*

Ce désir excessif de supériorité a nécessairement, comme toutes les tendances qui nous sont données par la nature, un bon côté que l'éducateur doit chercher à diriger ; mais il ne peut avoir que des résultats ridicules s'il est livré à lui-même et s'il n'est pas associé à des aptitudes qui le justifient.

— Je sais bien, poursuivit grand'mère, que je suis à l'âge ou l'on dit avec regret :

> *De mon temps,*
> *Oui vraiment,*
> *Tout était mieux qu'à présent.*

Mais il me semble cependant, sans parti pris, que, dans ma jeunesse, on avait plus de simplicité et moins le désir d'attirer sur soi les regards et l'attention du public ; il n'y avait que ceux qui se sentaient vraiment forts et capables de rendre des services par leur intelligence et par leur travail, qui, sans chercher à se mettre en évidence, — tel n'est jamais le but du vrai mérite, — ne craignaient pas d'affronter la critique : car la critique, songez-y bien, atteint toujours ceux qui s'élèvent au-dessus de la foule ; mais ils la bravaient toutefois, parce qu'ils étaient absorbés par le sentiment de leur utilité.

— Je ne sais si je serai vraiment utile, dit Charles en se mordant les lèvres ; mais je t'assure, grand'-mère, que je me sentirais mal disposé à prendre la parole devant l'auditoire qui va m'écouter, si je n'avais l'espérance que je vais recueillir ses applaudissements.

— Eh ! je le sais bien, c'est là, en général, le sentiment qui nous anime, et que je suis loin de blâmer, tant s'en faut, pourvu qu'il ne soit pas exclusif. Il n'est pas un être humain qui, ses besoins satisfaits, continue d'agir s'il ne sent qu'on le regarde, et je ne vous veux pas plus parfaits qu'il n'est permis à l'homme de l'être. — Je veux seulement que, lorsque ce sentiment est justifié par votre valeur, vous le fassiez servir, non à une misérable satisfaction d'amour-propre et de vanité, mais que vous l'utilisiez en comprenant qu'il peut servir soit au progrès des sciences, soit au développement des arts, soit à la défense de la justice, comme dans l'exemple que nous donnait Charles tout à l'heure.

— Et lorsque ce désir et ce sentiment de supériorité ne sont pas justifiés, dit la maligne Emmeline en jetant, en dessous, un regard vers un grand jeune homme blond, qui profitait de son voisinage auprès d'une glace pour y prendre des poses auxquelles personne ne faisait attention, que penses-tu qu'on doive en faire, grand'mère?

— Je pense, mon enfant, que comme tout ce qui n'a pas d'utilité vraie, ainsi la raillerie par exemple, il est mauvais et nuisible à celui qui s'en sert, plus encore qu'aux autres, qui ne font qu'en rire. Mais je me suis un peu écartée de mon sujet, car je n'avais d'autre but, aujourd'hui, que de vous dire combien on s'éloigne du bonheur en fuyant la simplicité, qui en est l'indispensable compagne.

Tout le monde n'est pas appelé à être un grand artiste, un médecin distingué ou un brillant avocat, toutes les femmes ne vivent pas dans un monde où le bruit de leur esprit, de leur savoir et de leur beauté puisse attirer sur elle une attention dont on fait d'ailleurs bien trop de cas. Bien peu d'entre nous sont appelés à devenir des héros dont les grandes actions font frémir la foule par l'enthousiasme qu'elles font naître; nous devons donc nous attacher à ce que je nommerai *les petites vertus*, celles qui font le calme de la vie et le charme de ceux qui nous entourent. — Il ne faut pas, pour cela, chercher à être ce que nous ne sommes pas.

Si vous avez un esprit médiocre, appliquez-vous à une chose simple, que vous comprenez facilement, et vous y deviendrez habile et utile.

L'art, et même le génie, consistent surtout à creuser le sujet auquel on doit s'adonner tout entier, suivant les aptitudes que l'on se sent avoir. Je connais plus d'une femme, excellente ménagère, dont chacun admire l'ordre et la valeur laborieuse, qui eût été parfaitement ridicule si elle eût voulu être la reine d'un salon littéraire ou une des étoiles de la mode.

Plus d'un homme, excellent mari, bon père de famille, honorable et habile industriel, estimé et aimé par tous ceux qui sont en relations avec lui, aurait marché de chute en chute, ridiculisé et bafoué, s'il eût affronté les hasards de la tribune, et visé à être un Démosthènes dont parlera la postérité, quand ses capacités ne lui laissaient que la faculté d'être un héros des *petites vertus.*

— Mais, si nous sommes tous exposés, comme tu le dis, à nous priser au-dessus de notre valeur, comment juger exactement quelles ambitions nous sont permises? demanda Charles.

— J'ai dit, en effet, que nous y sommes tous exposés; mais je n'ai pas dit que nous devons y succomber, reprit grand'mère, et c'est là précisément où je voudrais mettre un essor aux tendances générales de la jeunesse actuelle.

Je voudrais que chacun eût assez d'humilité pour attendre le jugement des autres, avant de se juger soi-même définitivement. Faites bien attention que je n'entends pas par *les autres*, les envieux, les jaloux, les incapables, qui ne veulent jamais que le chêne s'élève au-dessus du roseau, et qui ont toujours des ciseaux prêts à couper les ailes qui veulent se déployer. Ceux-là ne jugent pas; ils soufflent sur la flamme et ils l'éteignent, si cela leur est possible. — Celui qui juge sainement est l'homme qui, sachant se borner à la sphère de ses aptitudes, admet avec joie qu'un autre puisse faire une chose dont il n'est pas capable lui-même.

— Où trouveras-tu ce phénix, grand'mère ?
demanda Charles.

— Je le trouverai en chacun de vous, mes chers
enfants, si, au lieu d'écouter les tentations d'un monde
qui par son exemple vous enfle d'orgueil et de vanité;
d'un monde où l'on se rit des meilleurs et des plus
généreux sentiments qui puissent emplir un cœur,
vous comprenez que l'égoïsme, l'amour absolu de
soi, de ses succès et de son bien-être, ne peuvent
conduire au bonheur, qui est le but que nous cherchons tous. — Consentez de bonne grâce à ce que
vos amis, vos voisins, soient ce que vous ne pouvez
pas être; prêtez-leur la main s'ils ont besoin d'une
aide pour s'élever d'un degré, même au-dessus de
vous.

Je n'aurais pas fait cette morale, mes amis, si
j'avais eu, parmi vous, quelques-uns de ces malheureux qui rient avec cynisme de tout ce qui ne ressemble
pas au vice ; je vous parle en vieille grand'mère que
je suis : pardonnez-moi de présenter les choses sous
ce point de vue, peut-être un peu noir, mais qui vous
fera réfléchir. Je ne vous aurai pas été inutile si je
vous ai amené à comprendre que beaucoup d'entre
vous ici n'ont pas d'ailes, et sont faits pour le bonheur
simple, que donnent les *petites vertus*.

DOUZIÈME VISITE

COLONEL OU MÉDECIN?

Grand'mère, grand'mère, vous qui savez si bien donner des conseils aux jeunes, et que nous trouvons toujours au coin du feu pour ranimer nos espérances, quand la vie nous apporte ses cruelles déceptions, grand'mère, nous revenons à vous pour vous réveiller de votre long sommeil, qui nous laissait abandonnées. Et grand'mère se réveille et, malgré ses soixante-dix ans, auxquels elle sait encore donner un air de jeunesse, elle se déclare toute disposée à apporter toujours ses conseils aux jeunes qui les lui demanderont.

Elle sait bien que, chaque jour, il se crée des

livres qui enseignent plus ou moins bien le savoir-vivre ; que ces livres sont presque tous savants et habiles ; mais elle a une manière à elle de sentir et d'envisager les choses, et nous aimons mieux venir la consulter, pour voir briller ses yeux et luire son bon sourire, que de feuilleter des livres qui disent la même chose à tout le monde.

Voici venir la Toussaint, et tout son cortège de froidure ; les tapis sont replacés dans le salon de grand'mère ; un feu de gros bois, bien encaissé dans la cendre, brûle doucement et envoie dans la chambre ses chaudes et bienfaisantes émanations. Des fleurs tardives, dahlias et chrysanthèmes, ornent encore sa jardinière, placée entre les deux croisées.

Grand'mère est au coin du feu, assise dans le vieux fauteuil capitonné, où elle a l'air si à l'aise et si heureux ; sa table à ouvrage est auprès d'elle et, sur le coin de la cheminée, un livre tout ouvert, dans lequel on voit qu'elle cherche une distraction ou une pensée, lorsque la solitude arrive.

A peine entré dans cette chambre, on se sent entouré de calme et de joie douce.

Il y a là, dans l'air, tout le paisible bonheur que donnent les souvenirs d'une conscience tranquille, quand l'avenir se montre dégagé des préoccupations qui assaillent ceux dont la vie a encore de la force et de la jeunesse.

C'est que grand'mère ne se repose que depuis qu'elle est vieille; et, tant qu'elle a été jeune et vaillante, elle a, elle aussi, donné son travail et sa vie à sa famille et à ses amis.

Elle a été une fille aimante et bonne, et une épouse dévouée et sérieuse; mère, elle a donné son sang, sa vie et son amour à ceux qu'elle a élevés, et dont elle a su faire des hommes et des femmes de bien; et, aujourd'hui que sa tâche entière est remplie, elle attend avec confiance le moment qui l'enlèvera à la terre pour s'en aller vers une autre vie, qu'elle espère être meilleure.

Voilà pourquoi elle est entourée par l'affection de tous, pourquoi on la respecte, et pourquoi l'on attend et l'on demande ses conseils, comme une direction sûre et aimée.

Grand'mère sourit en nous voyant entrer, car nous sommes nombreuses, aujourd'hui que nous revenons à elle comme des repentantes.

C'est qu'elle comprend que nous avons beaucoup de choses à lui demander.

— Ce que je ne dirai pas aujourd'hui sera pour un autre jour, nous dit-elle, en voyant l'empressement avec lequel chacune de nous voulait parler.

— Mère, n'est-ce pas un peu mon droit, à moi qui suis l'aînée? demanda une voix grave qui nous fit retourner la tête du côté de la cheminée.

Grand'mère fit un signe d'acquiescement.

— La question que je veux te poser aujourd'hui va te paraître étrange, dit Mme Coustol, avec un sourire à l'adresse de la blonde Emmeline, sa fille, assise à quelques pas d'elle.

D'après tes conseils, mère, je n'ai prêté l'oreille à aucune proposition de mariage, avant que ma fille eût atteint l'âge de vingt ans. Aujourd'hui, elle y arrive, et deux prétendants à sa main se présentent en même temps. Emmeline, ne m'ayant jamais quittée, et sachant bien que je désire uniquement son bonheur, est parfaitement disposée à écouter mes conseils dans le choix du mari qu'elle doit épouser bientôt. Ma responsabilité est donc d'autant plus grande que ma fille, tout en conservant son libre arbitre, que je ne veux pas entraver, a en moi et en mon affectueuse sollicitude une confiance absolue.

— Quels sont les deux prétendants? demanda grand'mère, qui avait hâte d'arriver au fait.

— L'un est un colonel. Il a une grande fortune, beaucoup de décorations, des relations élevées, une haute position, relativement à la nôtre, qui est modeste. Il est en même temps instruit, aimable, de très bonne compagnie, et rendra, j'en suis persuadée, sa femme parfaitement heureuse.

— Et il compte... combien de printemps? demanda grand'mère.

— Je crois qu'il a près de quarante-six ans, répondit Mme Coustol à voix presque basse.

— Et l'autre?

— L'autre est un jeune médecin sans fortune et sans clientèle. Il a beaucoup travaillé, a une grande instruction professionnelle et une excellente culture générale, je crois. Il a certainement devant lui toutes les espérances de l'avenir; mais rien n'est réalisé encore; il faut travailler, attendre, espérer, et même désespérer quelquefois.

— Et n'est-ce pas là la vie? reprit grand'mère avec vivacité. N'est-ce pas dans le travail et dans les espérances à deux que l'on doit faire consister le bonheur et l'intimité du ménage?

N'est-ce pas dans cette association de deux jeunes existences, qui se créent un avenir, en s'encourageant par une sympathie née au début, d'âges et de goûts semblables, n'est-ce pas là, que peuvent seulement se rencontrer le bonheur et la joie de la famille?

Je sais trop que de nos jours, mes enfants, on élève les jeunes filles à s'attendre à trouver leur place toute faite dans la vie.

Elles rêvent leur fauteuil au coin du feu, avant d'avoir cardé le coton qui doit le garnir.

Ce n'est point ainsi que l'on doit l'envisager, cette vie. On n'a le droit de s'y asseoir et de s'y reposer qu'après que l'étape est terminée; et les jeunes jambes doivent frémir d'impatience dans le repos, si cher aux vieillards.

Cela veut tout simplement dire, ma chère fille, que, quel que soit le mérite du colonel qui te demande Emmeline, ce n'est pas à lui que tu dois donner cette jeune fille; c'est à l'homme qui, comme elle, entre dans la vie avec les forces voulues pour la lutte et pour le travail.

Avec lui, elle luttera et travaillera pour se créer la position désirée et pour élever sa famille.

Que d'heures heureuses s'écouleront dans ces rêves à deux, où la pierre sur laquelle on s'appuie s'écroule parfois pour laisser une déception à la place; mais où l'espérance, qui n'abandonne jamais la jeunesse, remet une base plus solide, sur laquelle un pied blasé ne se posera jamais.

Suppose, au contraire, que tu accordes ta fille à un homme qui pourrait être son père. Il arrivera de deux choses l'une : ou elle sera intimidée et contrainte, par conséquent elle ne sera plus elle-même; ou bien elle profitera des avantages que lui donne sa jeunesse, pour dominer et tyranniser son mari.

Là où il n'y a plus égalité, il n'y a ni intimité ni confiance.

Elle aura, me dis-tu, une grande fortune et une haute position, en se mariant.

Et qu'aura-t-elle fait pour les mériter, cette fortune et cette position ?

Elle se sera donnée à un mari qu'elle n'aime pas, et qu'elle ne pourra jamais aimer, parce qu'il sera sérieux, pendant qu'elle aura toutes les aspirations de la jeunesse.

Elle sera bientôt blasée sur tous les dons magnifiques dont tu parles, et dont elle jouira mal, parce qu'elle n'aura rien fait pour les conquérir.

Elle comprendra alors qu'elle a sacrifié sa jeunesse et sa vie, et elle sera malheureuse. — Voyons, Emmeline, tu es le meilleur juge dans la question ; que dis-tu des raisonnements de grand'mère ?

Emmeline releva la tête et montra son visage aussi vermeil qu'une rose de Bengale ; et, passant ses deux bras autour du cou de l'aïeule, elle murmura entre deux baisers :

— Je dis, grand'mère, que tu parles comme si tu lisais dans mon cœur ; car tu te trompes, si tu crois que je suis de ces jeunes filles qui veulent leur place toute faite, sans aider leur mari à la conquérir. Peut-être aurais-je été ainsi sans tes conseils, peut-être, comme tant d'autres, me serais-je engagée dans le sentier brillant où, ne cherchant que les plaisirs et la joie, je n'aurais rencontré qu'une cruelle déception ; mais la main de grand'mère saura toujours nous arrêter à temps au bord du précipice.

— Tu vois, mère, si nous avons tous besoin de tes conseils, dit Mme Coustol avec émotion. — Mais, que vais-je répondre à ce pauvre colonel, auquel j'ai presque donné des espérances?

— Tu lui diras tout bas, reprit grand'mère, qu'un homme sage se marie quand il est jeune, avec une femme de son âge; et, qu'en vieillissant ensemble, on se courbe en même temps vers la terre pour cueillir les fleurs de l'automne, en laissant aux jeunes le soin de respirer les parfums que leur envoie la brise printanière.

TREIZIÈME VISITE

MADAME JENNY. — UNE LEÇON MÉRITÉE

Il fait froid, très froid; la pluie fine et serrée se change en givre glacé, et donne aux gens qui trottent résolument dans la rue l'apparence de longs fantômes, raidis sous leur enveloppe durcie.

Nous arrivons le nez rouge et les mains endolories, malgré l'épais et chaud manchon dont elles sont garanties.

L'atmosphère de la chambre de grand'mère est si égale et si chaude, qu'on y oublie bientôt toutes les intempéries qui assaillent au dehors.

. . . .

La conversation commençait à devenir animée,

lorsque la porte s'ouvrit un peu bruyamment et livra passage à une jeune et élégante femme, toute rose et toute fraîche sous les épaisses fourrures dont elle était couverte.

— Oh! vous faites ici comme en Russie, s'écriat-elle, en sentant la chaleur qui lui arrivait au visage, et je n'ai qu'à me débarrasser de mes fourrures.

Et, se tournant vers la porte, elle remit à la jeune bonne, qui la tenait encore entr'ouverte, tous les vêtements dont elle était surchargée.

Elle nous apparut alors comme une véritable fée d'élégance.

— Est-ce que vous ne me reconnaissez pas, bonne maman? demanda la jeune femme en s'adressant à grand'mère.

—Si, mon enfant, je vous reconnais fort bien ; malgré votre air de grande dame, vous me rappelez toujours la petite Jenny, si mutine et si espiègle, à qui j'ai donné tant de leçons et tant de tartines de confitures. — Où est-il, ce temps-là? ajouta grand'mère avec un soupir, qui trouva un écho dans tous nos cœurs.

— Vous voyez que, moi de même, je n'ai rien oublié, reprit Jenny ; et, de retour de mes voyages, je m'empresse de vous donner mon premier souvenir et ma première visite.

Et la jeune femme, étourdie et vaniteuse, se voyant

l'objet de l'attention de tout le cénacle féminin qui entourait grand'mère, se mit à raconter avec entrain, et non sans embellir les choses, tous les récits fantaisistes qui lui passaient par la tête.

Pendant que nous l'écoutions avec une attention soutenue par la gaieté et l'animation de son bavardage, un bruit violent et extraordinaire se produisit dans la rue, juste sous la fenêtre de la chambre où nous nous trouvions.

Un mouvement de terreur nous fit tressauter sur nos chaises, et plusieurs d'entre nous se précipitèrent vers la croisée pour en connaître la cause.

En nous voyant ainsi agitées, Mme Jenny se mit à rire.

— Ne vous dérangez pas pour si peu, nous dit-elle en nous regardant avec une sorte de compassion malicieuse, ce sont mes chevaux, qui, ennuyés d'attendre avec un froid de 10 degrés, préviennent le cocher qu'ils commencent à trouver la station un peu longue.

Ils en verront bien d'autres! continua-t-elle en agitant son éventail comme pour prouver qu'elle ne se trouvait pas, elle, sous une température de 10 degrés au-dessous de zéro.

— Ne pourriez-vous, dit grand'mère, quand vous avez l'intention de faire, comme aujourd'hui, une longue station dans la même maison, renvoyer votre voiture et dire à votre cocher de venir vous reprendre

à une heure indiquée? Comme cela, vos domestiques
et vos chevaux ne resteraient pas exposés au froid et
à une souffrance cruelle, qu'il vous est si facile de
leur épargner?

Mme Jenny partit d'un grand éclat de rire.

— Je comprendrais encore votre sollicitude pour
le cocher, dit-elle avec conviction, et nul plus que
moi ne compâtit aux souffrances de ces malheureux;
mais des animaux, des chevaux, voyons, grand'mère,
est-ce qu'on s'en occupe? — Je ne dis pas, si mes
chevaux, arrivant ici tout en nage, je les exposais à
un froid qui pût leur donner une pleurésie! Ce serait
alors de la folie, car je m'exposerais à perdre une
grosse somme; mais ce n'est pas le cas, je suis venue
en me promenant, et ma voiture peut, sans que j'aie
aucune crainte, rester trois ou quatre heures à votre
porte.

Grand'mère regarda Mme Jenny avec étonnement.

— Comme vous êtes bien une preuve de ce que
peut sur nous l'éducation et le milieu dans lequel nous
vivons, ma chère enfant, lui dit-elle en adoucissant,
dans son regard, le mouvement d'indignation qu'elle
avait d'abord ressenti. — Il y a plusieurs siècles,
alors que l'on n'attribuait à la créature humaine
quelque valeur que d'après le sexe auquel il appartenait, quelque pédants refusaient une âme à la
femme, et, partant, elle ne devait ni sentir les affec-

tions morales, ni souffrir des maux physiques. —
C'était une *chose* que l'on traitait comme vous traitez
vos chevaux aujourd'hui. — Plus tard, on a reconnu
que la femme pensait et souffrait comme l'homme, et
on l'a un peu épargnée, mais à la condition qu'elle
appartiendrait aux hautes classes. — Ce fut alors le
serf, l'esclave, à quelque sexe qu'il appartînt, qui
devint la chose dont nul ne se préoccupait, si on n'y
trouvait pas un préjudice matériel.

Ces temps-là sont passés. — A quelque classe qu'il
appartienne aujourd'hui, l'homme est respecté comme
une créature qui sent, qui souffre, et dont les sentiments et les souffrances doivent compter dans ce grand
tout qui s'appelle : la *Solidarité*.

Quelques nations, dont le nombre diminue heureusement tous les jours, regardent encore, comme une
chose ou une machine dont on dispose, certaines
catégories d'hommes dont la couleur ne ressemble pas
à la nôtre.

Ils sont noirs et nous sommes blancs; donc, tout
naturellement, comme nous avons eu la force du
nombre et celle que nous donne une intelligence plus
développée, nous devons mettre la main sur eux et les
faire servir à notre bien-être et à nos fantaisies!

Mais ces idées-là, comme les autres, s'en vont
chaque jour, emportées par un progrès incessant de
l'humanité vers la vérité et la justice.

Aujourd'hui, mon enfant, nous en sommes arrivés enfin à savoir découvrir même dans l'animal un frère inférieur, comme l'a si bien dit Montaigne.

Mme Jenny regarda grand'mère; elle ne comprenait pas.

— Quoi! vous voulez que je me considère comme la sœur de mes chevaux et des chiens de mon mari! demanda-t-elle avec un air de stupéfaction qui amena un sourire sur nos lèvres. — Mais, quand même vous m'accorderiez dix échelons de supériorité sur eux, c'est une comparaison et une association auxquelles je ne consentirais jamais.

— Mais qui sont vraies cependant, que vous y consentiez ou non, reprit grand'mère; et, bien plus, la comparaison, faite avec équité, donnerait parfois peut-être, la supériorité à l'animal.

Combien en voyez-vous, parmi eux, qui fassent le mal pour le plaisir de le faire; et, si cela arrive, c'est précisément chez ceux qui, élevés et maltraités par les hommes, en ont pris les mauvais instincts et la méchanceté.

Chez l'homme, au contraire, l'envie, la jalousie, le désir immodéré du bien-être et des satisfactions personnelles, développent des sentiments mauvais qui le conduisent à nuire aux autres hommes, pour le plaisir seul de leur faire du mal.

— Quel est l'être humain, à moins que ce ne soit

une mère, qui s'attache à son semblable au point
de se sacrifier à lui en s'oubliant complétement lui-
même? — Vous souriez; parce que vous savez fort
bien que vous ne trouverez pas. — Eh bien! ce que
vous ne trouvez pas chez l'homme, à chaque instant
vous le trouvez chez l'animal. — On cite par cen-
taines les exemples de chiens morts de douleur sur
la tombe de leurs maîtres; et j'ai personnellement
connu un vieillard aveugle, abandonné de tous, qui
n'a dû, pendant longtemps la continuation de son
existence qu'au dévouement et à l'intelligence de son
chien, qui allait, tous les jours, lui chercher un pain
chez un boulanger compatissant, dont la charité
s'était trouvée à la hauteur du dévouement de ce bon
chien.

Si je n'ai pas à vous citer des exemples aussi nombreux pour les autres animaux, ce n'est pas qu'il
n'en n'existe comme pour le chien; mais ils vivent
moins dans notre intimité, et, comme il suivent leurs
bons instincts sans chercher le bruit de la réclame,
nous côtoyons chez eux, à chaque pas, des actions
que nous appellerions héroïques ou sublimes, si elles
venaient de nous et nous n'y prenons pas garde.

Tout comme l'être humain, mon enfant, l'animal,
quel qu'il soit, mais à des degrés différents, est
susceptible d'une éducation qui l'améliore ou qui le
dégrade.

Très certainement vous ne détruirez pas, chez le tigre ou le chacal, les instincts carnassiers sous lesquels la nature les oblige à ployer; vous n'empêcherez pas le vautour de plonger son long cou dans les plaies béantes pour se repaître sensuellement du sang de ses victimes, mais nous pouvons avoir une grande influence sur les animaux qui vivent auprès de nous, et auxquels nous demandons leurs services ou leur affection.

Nous sommes seules, personne ne saura que nous les avons effleurées, et nous allons reprendre le côté pratique qui nous est permis, et va si bien à nos cœurs et à nos affections féminines.

Écoutez-moi bien, ma chère Jenny, car ceci s'adresse spécialement à vous; vous êtes aussi responsable du bonheur des animaux qui vous donnent leurs services que vous l'êtes du bien-être matériel et moral des amis que vous recevez, ou des serviteurs qui vous entourent. — Vous rendez-vous compte de la position que vous avez prise vis-à-vis d'eux? — Vous enlevez à la liberté, à la vie des champs qui est la sienne, un animal que, pour votre bon plaisir, vous enfermez et vous soumettez au joug du service; vous transformez ses habitudes au profit des vôtres; vous dénaturez ses penchants pour les soumettre à votre volonté, et vous ne lui donneriez pas, en échange, le bien-être et même l'affection que lui méritent ses services?

Vous laissez à la porte, pendant de longues heures, tandis que vous êtes chaudement établie auprès d'un bon feu, de malheureux chevaux qui tremblent sous la neige, parce qu'ils ont un mors dans la bouche, et qu'ils ne peuvent s'échapper pour fuir votre tyrannie.

— O grand'mère, c'est pour me chasser au plus vite de votre toit hospitalier, que vous me parlez ainsi, dit Mme Jenny en se levant précipitamment et en prenant la blanche main qui lui était tendue.

Est-ce que j'avais jamais pensé à ces questions-là, est-ce que jamais on me les avait fait entrevoir? — Et maintenant, voyez, je tremble presque, moi aussi, en pensant aux souffrances que j'ai cruellement imposées à des êtres sans méchanceté. — Comme je voudrais que tout le monde pût vous entendre et écouter vos leçons et votre morale! peut-être comprendrait-on comme je viens de le faire moi-même, que non seulement nous devons aimer les êtres humains; mais que nous devons aussi craindre de toucher à tout ce qui vit et qui sent, si nous devons imposer une souffrance ou ne pas apporter un bonheur!

QUATORZIÈME VISITE

UNE QUESTION DE DROIT CIVIL

Le joyeux printemps, dont les effluves se font sentir de bonne heure cette année, a mis en nos cœurs une gaîté de bon aloi, dont nous apportons les impressions dans notre visite à grand'mère.

Le babil de toute cette jeunesse, dont les premiers rayons du soleil ont réchauffé le cœur, est disposé aujourd'hui à être bruyant et communicatif.

Mais, dès les premiers élans, l'air soucieux de grand'mère nous arrête.

Elle est triste et sérieuse...

— Mes chers enfants, nous dit-elle, j'ai reçu de l'une d'entre vous une lettre qui, depuis deux jours,

m'oppresse en me faisant sentir le poids d'une responsabilité dont mon affection pour vous accroît l'impor
tance.

Mathilde qui, en ce moment, se trouvait tout près
de grand'mère, mit un baiser sur son front pour la
remercier au nom de tous.

— Dans l'embarras où je me trouve pour répondre
à la question qui m'est posée, continua celle-ci, j'ai
résolu de vous demander votre avis :

Celle d'entre vous qui m'écrit est mariée, en
secondes noces, avec un homme bon et honorable ;
mais dont l'esprit, un peu aventureux, le porte à faire
des spéculations qui lui paraissent, à lui, toujours
très avantageuses ; mais que sa femme regarde, au
contraire, comme très incertaines dans leurs résultats.

Le mari n'a pas de fortune personnelle, et il a
besoin de la signature et de l'engagement de sa
femme pour les spéculations qu'il médite et pour lesquelles même il s'est engagé, comme chef et maître
de la communauté. Mme X... a des enfants de son
premier mariage, dont la position est séparée de la
sienne ; mais qui ont des droits sur la succession de
leur mère, aussi bien que les deux jeunes enfants
qu'elle a du second mariage.

Elle se trouve donc dans cette alternative ou de
ruiner ses enfants et de s'attirer leurs reproches et
pour elle de douloureux regrets, si les spéculations

de son mari ne réussissent pas ; ou de s'exposer, par son refus aux désirs de ce dernier, à son inimitié qui peut-être rejaillirait sur les deux pauvres petits enfants qui ont besoin de l'amour de leur père aussi bien que du sien à elle.

Que doit-elle faire?

C'est avec un cri du cœur que cette amie inconnue s'est élancée vers moi ; et c'est avec mon cœur que je voudrais lui répondre : mais tant d'arguments pour et contre se pressent en foule au bord de mes lèvres que je me sens faible, et je serais heureuse de m'appuyer sur la force de votre jeunesse. Voyons, Charles, toi, brillant avocat qui as déjà vaillamment conquis tes premières armes, que penses-tu que je doive répondre à ces graves questions?

— Depuis le commencement de cette communication je réfléchis sérieusement à la façon dont elle doit être traitée grand'mère, répondit Charles ; et, comme avocat, je ne dois considérer que la question de droit. — Eh bien, voici mon avis, auquel ne doivent participer ni le cœur ni les convenances sociales ou familiales. — Pour moi, Mme X... doit refuser toute participation à des spéculations qui peuvent amener sa ruine personnelle et celle de ses enfants ; elle a le devoir de faire usage de son jugement dans une affaire de cette importance où elle n'a, il est vrai, qu'un pouvoir négatif ; mais cette négation, la seule défense que la loi lui ait donnée, elle ne peut bénévolement l'abandonner, sous le puéril prétexte d'inimitié ou de convenances conjugales. Gardienne du trésor, elle doit le défendre énergiquement avec les ongles et les griffes que la loi lui a laissés.

— Je me suis dit les mêmes choses, et voilà bien l'argument contre, répondit grand'mère. — Lequel de vous mes enfants, veut se charger de l'argument pour?

— Moi, ma mère, répondit une voix douce et ferme, qui attira aussitôt toute notre sympathie.

— Ah! c'est toi, Louise, j'aurais dû m'en douter, dit en souriant l'aïeule; voyons, mon enfant, apporte nous ton cœur et ta raison dans cette question difficile.

— Je pense, dit Louise, que lorsqu'une femme se remarie, elle est à l'âge où l'on a la plénitude de son jugement; et, à moins de circonstances tout à fait exceptionnelles, dont il n'est point ici question, elle n'a dû choisir son mari qu'après avoir étudié assez son caractère pour pouvoir lui confier avec assurance son bonheur et celui de ses enfants. — L'homme qui accepte cette responsabilité doit, lui aussi, en avoir conscience, et s'en montrer digne en n'en abusant jamais; mais, du moment qu'elle l'a choisi, sa femme doit lui tendre la main avec confiance et lui dire : « Marche devant, je te suivrai partout où il te plaira de passer, je fermerai les yeux parce

que je sais que tu ne peux me conduire que là
où est le bon et le juste, là où est le bonheur pour
nous tous ! »

Votre correspondante, chère mère, réfléchirait trop
tard aujourd'hui pour reculer; elle ressemblerait à un
voyageur qui, après avoir pris et choisi un guide expé-
rimenté pour gravir les rocs dangereux de la Suisse
ou de l'Italie, voudrait l'obliger à suivre une route
fantaisiste et inconnue, où personne n'aurait mis le
pied avant lui. Le guide est le maître, il doit marquer
la route, sous peine de faire chavirer le char qui les
mène.

— Je suis loin d'être de cet avis, madame, reprit
un homme d'un âge mûr, qui était entré depuis un
instant et avait écouté l'entretien, sans que nous l'eus-
sions aperçu. Je crois que dans le sentier si difficile
et si plein d'aspérités, que l'on appelle la vie, chacun
n'a pas trop de toutes ses facultés pour se conduire et
se diriger sagement lui-même; et que, par conséquent
il ne doit pas se charger du chemin que les autres
doivent suivre. Comme l'homme, la femme a son jugement, son intelligence, son caractère; elle doit elle-
même gérer et prendre soin de sa fortune et de sa
conduite; et bien fou est le mari, à mon avis qui
cherche à s'opposer à sa liberté. Je ne dis donc pas à
M⁰⁰ X... Refusez quand même d'acquiescer à la proposition de votre mari; mais je lui dirai : « Entourez-

vous de conseils éclairés sur l'affaire dont il s'agit ; et, si vous acquérez la conviction que vous mettez votre fortune en péril, gardez le bien de vos enfants, et ne cédez ni au raisonnement ni à la force. »

— Pouvez-vous vous donner tant de mal pour une chose de si peu d'importance ! exclama la blonde Catherine. — Moi je trouve qu'il n'y a rien de bon dans la vie que l'affection et la tranquillité. Qu'importe à votre amie, grand'mère, de perdre une partie de sa fortune et d'en priver après elle ses enfants? — Est-ce qu'il ne vaut pas mieux mille fois, conserver l'affection, la confiance de son mari? Est-ce qu'elle n'aura pas l'esprit et le cœur plus tranquilles, pour élever ses enfants, si elle ne se mêle pas de toutes les chicanes d'intérêts pécuniaires, dont les femmes sont si heureuses de se débarrasser en faveur de leurs maris? Dans une spéculation un peu hasardeuse, du reste, est-ce que personne peut savoir ou deviner ce qui pourra arriver? En cédant, et en donnant sa signature, Mme X... se décharge de toute responsabilité, et elle conserve dans toute sa plénitude son charmant rôle de femme et son bonheur tout entier d'être mère...

Ici il se fit un profond silence... chacun semblait ou se recueillir encore, ou attendre ce que grand'mère allait dire.

Celle-ci se retourna en souriant, vers chacun des interlocuteurs qui venaient d'émettre leur avis :

— Vous êtes tous orfèvres ici, mes chers amis, leur dit-elle, et chacun juge la question suivant les intérêts de son caractère ou de sa position. L'un, comme avocat, ne regarde que le Code ; l'autre, comme une femme qui a un mari modèle qu'elle adore, ne comprend aucune restriction à ses volontés et à ses désirs ; une autre femme, très malheureuse dans son ménage, ne veut, au contraire, aucun accommodement ; un quatrième, dont toutes les facultés sont absorbées par les questions d'économie sociale, ne considère la chose qui nous occupe qu'au point de vue du droit féminin, qui n'est nullement mis en jeu en ce moment par ma correspondante, et une dernière enfin, jugeant la question avec un caractère indolent et un cœur rempli d'affection pour les siens, veut se laisser aller au courant de l'eau, sans chercher à l'arrêter, même quand ce courant devrait la conduire à l'abîme.

C'est ainsi, en général, que s'émettent et se déterminent les jugements humains.

Voici, moi, ce que je pense dans la question pour laquelle je vous ai demandé votre avis : — Les opinions diverses et si absolument contraires que vous venez de manifester doivent prouver d'abord à Mme X... qu'elle n'a à se préoccuper en quoi que ce soit des jugements du public, quand elle aura fait ce que son cœur et sa raison lui auront dicté ; car, quoi qu'elle fasse, elle trouvera des applaudissements, peut-être, des blâmes et des haussements d'épaules, à coup sûr.

— C'est donc la chose à laquelle, entre toutes, nous devons le moins nous arrêter.

Dans la question dont il s'agit, je n'ai entendu que Mme X..., et je ne sais comment son mari s'expliquerait lui-même, s'il était interpellé. — Dans cette circonstance, un conseil est plus que difficile à donner d'une manière utile et juste.

Mme X..., sa lettre me le prouve, est une femme bonne et certainement très intelligente ; et son jugement me paraît sain et éclairé. — Je ne sais pas du tout quel est le caractère de son mari ; mais, comme Louise, je dois croire qu'elle a choisi un homme capable de la comprendre et d'être pour elle l'ami dévoué et bon que nous rêvons toutes dans le mariage.

Voici donc ce que je ferais à sa place :

Je me ferais expliquer minutieusement, et de manière à la bien comprendre, la spéculation méditée par mon mari, je chercherais à la juger, avant de la faire juger par des étrangers qu'il faut autant que possible éliminer dans les affaires conjugales.

Si j'acquérais la certitude que mon mari ne se trompe pas, je prendrais, avec lui, la moitié de son affaire, heureuse de lui aider et de lui être agréable dans cette tâche ardue qu'il entreprendrait pour le bonheur commun.

Si, au contraire, j'acquérais la conviction que, malgré ses bonnes intentions, mon mari se trompe, je me souviendrais que j'ai des enfants pour l'éducation desquels il me faut des ressources, d'autres à qui je dois compte de la gestion qu'ils m'ont laissée, et j'emploierais toute mon influence de femme pour faire renoncer mon mari à un projet qui ne nous apporterait que la désunion et le malheur. — Je lui parlerais de ma résolution à ne pas céder, j'invoquerais son affection pour ses enfants, je lui montrerais leur avenir peut-être brisé, je ne craindrais pas même de mettre en jeu son orgueil masculin, qui recevrait un rude échec devant le refus que je ferais de lui donner ma signature; et je l'amènerais ainsi, sans paraître avoir en rien joué le rôle du *Deus ex machinâ,* à renoncer lui-même à une affaire mauvaise ou douteuse, dont il se repentirait le premier, lorsqu'il serait trop tard.

— Et si tout cela ne réussissait pas, grand'mère, dit Mathilde, qui avait ses raisons pour craindre cette non réussite.

— Eh bien, si tout cela ne réussissait pas, je proposerais tout simplement à mon mari de se soumettre à un arbitrage. — Je vous l'ai dit, je trouve triste et imprudent quelquefois d'initier des étrangers aux dissentions conjugales; mais dans les positions qui sortent de l'ordinaire, il ne faut pas reculer devant les seuls moyens qui soient à notre portée.

M. et M™° X... doivent choisir trois ou cinq amis communs; mais je le dis, *choisir,* car ce n'est pas au hasard qu'il faut s'en remettre, et leur poser catégoriquement la question, qui sera débattue devant eux par l'un et par l'autre époux, après qu'ils se seront promis d'avance d'accepter leur jugement sans murmures et en s'interdisant le droit de se faire jamais un reproche de cette acceptation.

Mais j'espère que ce moyen, qui est extrême, ne sera pas nécessaire. Si M. X... a tort, il doit avoir trop de cœur pour résister aux supplications et aux raisonnements de sa femme; et devant le malheur probable de sa famille, ce malheur n'existât-il que dans l'imagination de sa compagne dévouée, il cédera sans trop de peine, en pensant à l'immense responsabilité qu'il assumerait sur sa tête, en luttant en maître, quand il ne doit que guider comme mari, comme père et comme ami.

— Grand'mère, est-ce que nous connaîtrons le résultat de cette affaire? demanda Charles, après un instant de réflexion.

— Je l'espère, mon enfant, répondit grand'mère, car je m'intéresse de toutes mes forces à M™° X..., et je vais lui demander de me considérer comme une amie, à laquelle elle peut toujours ouvrir son cœur pour lui demander conseil ou affection.

QUINZIÈME VISITE

LA PLUS COQUETTE DES GRAND'MÈRES

En nous rendant auprès de grand'mère, que nous sommes assurés aujourd'hui de trouver dans son grand fauteuil, auprès de la croisée où elle regarde tristement tomber les premières feuilles des arbres, nous voudrions bien, pour lui exprimer toute la joie que nous avons de la revoir, lui dire que le temps nous a paru bien long depuis que nous sommes privés de ses chères causeries.

Oui, mais comment lui mentir ainsi?

Elle a le regard pénétrant et perspicace, et elle saurait bien lire dans le nôtre que nous cherchons bien plus à satisfaire son affection qu'à entrer dans la voie de la sincérité.

Comment regretterions-nous ces causeries intimes, qui ont tant de charme pour nous l'hiver, au coin du feu, lorsque l'été, avec toutes ses splendeurs et ses étourdissements, nous fait oublier tout ce qui est calme et douceur de la vie?

Grand'mère le sait si bien, et elle a tant d'esprit et de cœur, qu'elle s'est d'elle-même éclipsée, pour ne pas laisser l'embarras du choix, dès qu'elle a entendu sonner les clairons de la réclame et battre la grosse caisse, annonçant les triomphes de la vie bruyante, à laquelle il ne lui est plus permis de prendre part.

Nous n'étions pas réunis au complet à notre première visite; beaucoup de retardataires sont encore à la campagne, où les plus favorisés d'entre nous attendent, baignés dans les derniers rayons du soleil, qu'il ne leur soit plus possible de rester loin du foyer qui les réclame.

— Savez-vous, grand'mère, lui ai-je dit après les premières effusions du retour, ce que l'une de nos plus spirituelles amies m'écrivait, il y a quelques jours, en réclamant instamment vos causeries?

— Est-ce que je puis deviner ce que vous écrivent les gens d'esprit, ma mignonne?

— Oui, grand'mère, ajoutai-je, on vous accuse d'être une véritable épicurienne. Écoutez cette longue diatribe contre vous :

« Votre aimable, votre charmante grand'mère
« me paraît chérir tout ce qui rend la vie douce et
« agréable; elle pense au bien-être de tous; mais
« elle pense aussi au sien propre. Elle cherche le
« charme de toutes choses, au lieu de les prendre
« telles que Dieu les a faites et mises à la portée
« de tous. Sa chambre est capitonnée et garnie de
« lourds et chauds tapis; son feu, clair et brillant,
« illumine et réjouit la pièce qu'elle habite; elle a des
« jardinières où elle retrouve le printemps au milieu
« de l'hiver; et enfin, chose épouvantable et qu'il me
« serait impossible de lui pardonner; cette grand'-
« mère, qui a déjà autour d'elle deux ou trois géné-
« rations de petits-enfants, cette aïeule sans pareille
« qui a bien... au fait, quel âge peut-elle avoir votre
« grand'mère?

« Enfin, elle a bien l'âge d'un Mathusalem féminin,
« pour le moins! Et elle se permet d'avoir la prétention
« d'être encore jolie et agréable! Voyons, là, entre
« nous, n'est-ce pas le comble de la monstruosité?

« Quand j'étais enfant, je me représentais toujours
« une vieille femme comme un être triste et sans ave-
« nir. Celles que j'avais vues avaient les cheveux tout
« gris, les yeux rouges avec des lunettes, le visage
« et le cou ridés, la taille courbée et déformée, les
« pieds chaussés de vastes pantoufles; enfin, un
« abandon et une décrépitude indiquant qu'à mesure

« qu'elles voyaient approcher le moment où il leur
« faudrait quitter la terre, elles comprenaient qu'elles
« devaient de plus en plus s'en détacher, comme une
« chose à laquelle elles ne devaient plus accorder la
« moindre importance.

« Votre grand'mère, madame, est tout à fait l'op-
« posé du portrait véridique que je viens de tracer, et
« voilà pourquoi je suis courroucée contre elle ; elle
« change toutes mes idées, elle me met la cervelle à
« l'envers. Je vous en prie, madame, dites-lui tout
« cela, et qu'elle se défende, si elle l'ose ! »

— Eh bien, grand'mère, je remplis exactement ma
mission ! Que vas-tu répondre à ton accusatrice ?

Grand'mère ne sourit pas, comme elle en a l'habitude.

Elle réfléchit un moment, et on aurait dit que c'était
au fond de son âme qu'elle allait chercher une réponse
que nous attendions tous, comme nous attendons tout
ce qui sort de ses lèvres.

— Mes chers enfants, nous dit-elle après quelques
instants de silence, je ne crois pas être coupable en
faisant ce que fait chaque jour la nature, au contraire.
Est-ce que l'arbre, lorsqu'il a cessé de produire des
fleurs, ne se couvre pas de fruits, qui sont une autre
coquetterie et lui donnent un autre charme ? Est-ce
que la feuille, qu'emportera le vent froid de l'hiver,
ne conserve pas sa forme élégante et ne revêt pas

des couleurs nouvelles, jusqu'au moment où elle vient tourbillonner et mourir au pied de l'arbre?

Est-ce que la nature n'a pas mis à notre portée tous les trésors de la terre pour que nous les utilisions avec intelligence et économie? — A quoi serviraient les fleurs, si nous n'en respirions le parfum? A quoi serviraient les progrès de l'industrie et des arts, si nous ne les faisions tourner au profit du bien-être général, dans lequel nécessairement nous prenons notre part? Auraient-ils leur raison d'être, s'ils n'élevaient notre intelligence au-dessus des mesquines préoccupations de l'être qui se laisse vivre comme l'animal, courbant la tête, et se laissant mourir tout entier, dès qu'il a achevé son existence terrestre?

Pour que je puisse revivre en vous, mes enfants, je dois vous laisser un souvenir vers lequel vous reporterez joyeusement votre pensée, sans l'amertume que laisse toujours après lui l'aspect de cette décrépitude, dont la jeunesse et la vie nouvelle s'éloignent avec un soupir de soulagement. — Et puis, mes amis, ajouta grand'mère, en nous regardant cette fois avec des yeux qui avaient repris leur joyeux éclat, vous m'aimez telle que je suis, n'est-ce pas? Vous venez avec confiance me demander mes avis et mes conseils? Le feriez-vous si j'étais autrement?

Nous nous levâmes tous avec spontanéité pour donner raison à ce dernier argument.

— Vous voyez donc que j'ai raison d'être ainsi ; et, puisque vous me donnez votre approbation, je continuerai, si je le puis, à être la plus coquette des grand'mères.

SEIZIÈME VISITE

UN REVERS DE FORTUNE

— Oh! quel temps sombre et froid! s'écrie chacun de nous en entrant dans la confortable chambre de grand'mère. — Comme tout est triste, et comme tout assombrit nos cœurs!

— Surtout lorsque les consciences ne sont pas toujours exactement à l'abri de tout reproche, dit grand'mère en promenant sur nous son regard interrogateur.

Probablement la réflexion frappait juste, car personne ne répondit ni à la question ni au regard.

— Six mois se sont passés depuis que nous ne nous sommes rencontrés auprès de ce foyer, mes enfants.

Chacun de vous a pris son vol vers les lieux où le conduisait sa fantaisie ou ses travaux ; combien de vous sont revenus complètement satisfaits de l'emploi de ce temps ? — Depuis mon retour, j'ai reçu bien des confidences ; elles me donneront lieu à vous apporter des avis, des conseils, dont votre jeunesse a encore bien besoin.

L'une de vous, mes amies, a été frappée par ce que l'on appelle une grande infortune ; son mari a perdu la haute et lucrative position que, depuis un grand nombre d'années déjà, il occupait au ministère des finances ; presque en même temps, il a perdu une somme importante placée chez un banquier.

M. Ardetti n'a plus de fortune ; la perte de sa position administrative est pour lui, un coup de massue. Mais ce coup de massue ne doit jamais abattre un homme vraiment fort.

Ton mari a quarante-cinq ans, Léonie, et toi tu n'en as que trente-six. Vous êtes encore jeunes, mes enfants, jeunes pour travailler et pour vous relever. — Voyons, regarde-moi, ma fille, continua grand'mère en s'adressant directement à Mᵐᵉ Ardetti, est-ce que le courage te manquerait pour aider ton mari dans la tâche laborieuse qu'il est décidé à entreprendre ?

— Oui, mère, le courage plutôt que la bonne volonté. Que puis-je faire, moi élevée avec des habitudes de bien-être et de luxe, dont il me serait presque impossible de me passer? A quel travail pourrais-je me livrer, lorsque les trente-six premières années de mon existence se sont écoulées dans l'inaction relative que me permettait ma fortune?

Je ne puis sans effroi envisager l'avenir qui m'est réservé; il me semble que je fais un horrible rêve dont le réveil va me tirer bientôt. — J'ai peur de la pauvreté, peur d'un travail grossier, peur de tout ce qui n'est pas ma vie heureuse d'autrefois.

Les sourcils de grand'mère se froncèrent d'une façon significative.

Il y avait sur son front presque de la colère; mais il y avait surtout une profonde douleur dans le regard qu'elle arrêta sur Mme Ardetti.

— Pauvre femme! murmura-t-elle enfin, avec une conviction qui porta la tristesse dans tous nos cœurs.

Puis, après quelques moments de réflexion, pendant lesquels nous étions aussi tristes et émus qu'elle pouvait l'être elle-même, grand'mère releva résolument la tête, comme un général qui va livrer une bataille décisive.

— Je serais coupable, ma fille, dit-elle à Mme Ardetti, si, avec mon expérience et mes convictions, je te laissais entrer dans la mauvaise voie où tu sembles vouloir t'engager.

— Ne sais-tu donc pas, pauvre femme, que le travail est la loi de la nature, et que cette loi est faite pour tous? Ne sais-tu donc pas que celui qui veut y échapper est fatalement destiné au chagrin et à la honte?

Si, jusqu'à ce jour, tu as pu échapper à cette loi, si tu t'es tenue à l'écart de la foule qui suit la voie qui nous est tracée, tu étais une exception, inconsciente de sa culpabilité; mais aujourd'hui que les événements, que tu appelles malheureux, se chargent eux-mêmes de te rappeler au devoir, aujourd'hui que tu rentres dans la voie commune, tu serais mille fois coupable de ne pas regarder en face la position qui t'est faite. — Lorsque la tâche est rude, nous devons essayer nos forces; lorsque le poids est lourd, nous devons exercer nos épaules pour le supporter.

— A quoi servent-elles, ces forces, lorsque nous ne savons pas ou nous ne voulons pas les utiliser?

Sais-tu ce qui adviendrait bientôt, Léonie, si tu te laissais lâchement aller devant la crainte du travail?

— Ton mari, plus courageux que toi, va, lui aussi, entreprendre une tâche à laquelle ses habitudes de bien-être l'ont rendu étranger. — Peut-être y réussira-t-il mal d'abord, peut-être vos ressources seront-elles insuffisantes, même pour vous donner une vie des plus médiocres. S'il n'est pas secondé par toi, s'il te voit sans forces contre la misère et sans volonté pour en sortir, il éprouvera lui-même le dégoût et le découragement qui font trouver lourd le fardeau le plus léger;

son pas, mal assuré dans la voie du devoir, le fera broncher et tomber de chute en chute jusqu'au déshonneur peut-être. Et, ce qui est pis encore, c'est que toi, mon enfant, qui n'auras pas voulu le suivre dans la route du labeur, tu le suivras, tu l'entraineras dans la route du mal.

Mme Ardetti fit un soubresaut et, levant vivemen la tête :

— O mère! qu'oses-tu dire? s'écria-t-elle avec énergie.

— J'ose dire, et je dois en avoir le courage, ce qui n'est que l'exacte vérité, reprit tristement grand'mère.

— Dans notre société, telle qu'elle est aujourd'hui, la femme sans fortune qui se refuse au travail deviendra nécessairement, fatalement, la proie du vice; son imagination, que n'occupe aucune pensée saine ou salutaire, presque toujours développée par son éducation au profit de la frivolité, lui fait entrevoir le bonheur dans le luxe sous toutes ses formes.

Ne pouvant y arriver, elle pleure devant cet horizon doré, atteint devant elle par d'autres femmes, qu'elle appelle faussement des privilégiées.

Elle pleure d'abord, oui! — Puis elle se dit : Pourquoi n'y arriverais-je pas, moi aussi, comme les autres? Et elle se lance, tête baissée, dans la mêlée, sans regarder, sans voir, n'apercevant et ne cherchant que le but, qui n'est pour elle que le luxe et le bien-être sans le travail.

— O grand'mère, grand'mère, comme vous assombrissez ce tableau déjà si noir ! s'écria Jules, qui était entré, sans dire *gare,* pendant que nous écoutions, tout émus et troublés, la mercuriale qui, adressée à l'une de nous seulement, semblait nous frapper toutes en plein visage.

Il y a, poursuivit Jules, des familles où l'idée du devoir est tellement enracinée, où la ligne droite est si claire et si franchement dessinée, que la pensée d'en dévier, même d'un seul pas, ne viendra jamais à l'esprit de ceux qui en font partie.

— Je te sais gré de ta remarque, mon cher enfant, reprit grand'mère, et je l'admets d'autant plus volontiers que je suis absolument du même avis que toi, — Seulement, permets-moi de terminer la réflexion que tu n'as fait que commencer.

Ce que tu dis serait absolument juste, si nous ne sortions jamais du cercle de ces familles honnêtes dont tu viens d'évoquer les patriarcales vertus ; si notre éducation se faisait toujours sous l'aile de la mère dévouée ou du père austère qui nous donnent leur amour et leur soins ; mais comptes-tu pour rien dans l'éducation de chaque jour, de chaque heure, les conversations mauvaises qui parviennent à nos oreilles, les pièces de théâtre où le vice élégant est toujours mis à la première place, les romans en vogue, où le crime est détaillé, embelli, analysé, comme l'appât le plus sûr de la curiosité publique? — Certes, je suis de ton avis. Il y a des natures, des individualités qui résistent au courant qui nous entraîne. — Mais qui te dit que ce sont à celles-là que je m'adresse? — Celles-là luttent et vainquent précisément par le courage et par le travail. — Je n'ai d'autre but, mes enfants, que de vous faire comprendre que vous ne devez pas être de ceux qui sortent de cette voie. — Est-ce que vous ne le voulez pas, ne l'acceptez vous pas comme moi?

En cet instant, un long sanglot souleva la poitrine oppressée de Mme Ardetti. — Elle se leva précipitamment; et, courant se jeter au cou de notre bien-aimée grand'mère :

— Je te croyais d'abord cruelle et impitoyable, lui dit-elle avec effort, mais je comprends enfin combien ta justice est généreuse. — Je ne voulais pas me croire semblable aux autres parce que, jusqu'à ce jour, plus que beaucoup d'autres, je n'ai connu que le bonheur, parce que je n'ai cueilli que des fleurs où tant de pauvres femmes ne s'accrochent qu'à des épines. — Tu m'as montré la route à suivre, mère, je m'y engagerai sous ton égide et sous tes conseils. — Mais, hélas! que puis-je faire, où dois-je me diriger pour utiliser ces forces, encore inconscientes d'elles-mêmes, dont tu parlais tout à l'heure?

L'œil de grand'mère s'illumina d'une joie profonde.

— L'être intelligent peut, je le crois, réussir dans presque toutes les choses qu'il veut essayer avec énergie, nous dit-elle; mais il est évident que nos aptitudes, notre éducation surtout, nous donnent un penchant pour les choses où nous avons chance de mieux réussir.

A ton âge surtout, si l'on n'a pas encore essayé ses forces et sa capacité au bénéfice d'une idée productive, on les a essayées au profit du plaisir et de la satisfaction personnelle. — Tu as développé ton intelligence par la lecture, par des conversations sérieuses; ou tu es habile musicienne; ou tes loisirs ont été employés à augmenter ton talent pour la peinture; tu peux alors penser à utiliser l'un de ces talents pour le professorat. Mais si tu ne connais aucune de ces choses, tu as quelquefois fait tes robes ou chiffonné tes chapeaux; voilà une occupation utile et productive toute trouvée; tu as, peut-être sans t'en douter, des aptitudes commerciales. Tu soupires douloureusement, ma chère enfant, parce que tu regardes ces derniers travaux comme indignes de toi. Je ne considère pas seulement le côté moral de la chose, qui me conduirait bien vite à te prouver combien tu es encore victime des préjugés qui nous régissent; mais je veux te convaincre bien mieux par l'exemple de ce qui se passe maintenant autour de nous.

Depuis bien des années déjà, mais surtout depuis l'épouvantable guerre dont nous avons été les victimes, la fortune générale et, par suite, les fortunes particulières se sont considérablement amoindries ; nous avions pris des habitudes et des besoins luxueux dont nous sommes devenus esclaves. Aujourd'hui, il faut savoir nous en affranchir, et travailler pour donner satisfaction à des besoins plus simples. Voilà pourquoi, dans un grand nombre de familles, les jeunes filles, les jeunes femmes, ne craignent pas d'acquérir un talent qui leur permette de continuer la vie heureuse à laquelle elles étaient accoutumées.

De plus en plus le travail devient la loi de tous. — Nous y marchons sans nous en apercevoir ; c'est la nécessité naturelle dont notre orgueil, nos passions, nos mauvais penchants ou nos vices nous ont tenus éloignés pendant des générations peut-être ; mais à laquelle nous reviendrons comme retourné forcément dans le nuage la goutte d'eau pompée par un rayon de soleil. — Pauvre goutte d'eau, à quoi lui servirait de se cacher sous un brin d'herbe ?

Je n'en suis pas moins convaincue qu'il y a, de par le monde, des petites goutelettes de rosée qui ont cherché à lutter contre le soleil.

DIX-SEPTIÈME VISITE

UN HÉRITAGE DANS LE MIDI

Plus de tapis épais pour amoindrir les pas des visiteurs, plus de lourdes tentures apportant leur chaleur contre les froidures de l'hiver. — On entre chez grand'mère en ce moment, comme on se présenterait au milieu d'un jardin ou d'une serre.

Vous savez combien elle est sybarite, aimant à jouir, avec modération, de tous les plaisirs que chaque saison lui apporte. Pourquoi tous ces biens, tous ces bonheurs seraient-ils à notre portée, si nous ne devions en user avec la modération et la réserve que notre raison, éclairée, doit savoir mesurer à chaque chose?

Aussi le soleil, qui a ses grandes entrées dans la chambre de grand'mère, y vient-il dorer et fleurir les arbustes espacés devant sa croisée, à laquelle ils servent de rideaux. — Et je vous assure qu'il n'est pas de mousseline, pas de lampas ou de cretonne enluminée qui vaille cette luxuriante tenture naturelle, sous laquelle les oiseaux du jardin viennent parfois se réfugier, comme pour apporter à grand'mère la gaieté de leurs chants et de leurs vives allures.

Nous sommes arrivés en grand nombre aujourd'hui. Plusieurs d'entre nous, prêts à partir, viennent faire leurs adieux, et les autres, la plupart, viennent par affection, parce qu'ils sont heureux de la pression de main qu'ils reçoivent et du regard aimant qui l'accompagne.

Nous ouvrons donc un peu étourdiment la porte et nous réveillons grand'mère, à demi endormie sous les orangers et les citronniers, qui sont là en pays conquis.

— Je rêvais à votre visite, et je vous attendais, mes enfants, nous dit-elle bien vite, pour couper court aux excuses et aux protestations qu'elle prévoyait. — Que de paquets de voyage, que de malles à faire et à défaire je prévois aujourd'hui, dans l'affluence plus nombreuse de mes visiteurs ! — Chaque siècle a sa manie ; le changement de place est la nôtre aujourd'hui. — Moi, que la vieillesse dispense de suivre les habitudes modernes, je ne sais si je dois me réjouir ou me désoler de mon impuissance à vous imiter. — L'arbre qui prend racine au milieu de la forêt et qui tire d'elle et des objets qui l'entourent son bien-être et sa croissance, est-il moins bien partagé que l'oiseau, qui va chercher au loin l'air étranger auquel il demande la vie? — Je ne le pense pas. — Si celui-ci effleure et prend en passant tout ce qui passe à la surface, celui-là sait fouiller les profondeurs et en découvrir les trésors, au milieu desquels la sagesse se trouve quelquefois.

Mais ce n'est pas précisément le but de la vie des jeunes, ajouta-t-elle en souriant, et la sagesse de la jeunesse consiste à ne pas vouloir aller plus vite que la vie, et à ne pas lui demander, dès le commencement, ce qu'elle ne peut et ne doit donner qu'à la fin.

Comme nous étions de cet avis, chacun de nous parla de ses projets, de ses voyages en perspectives, de ses espérances de plaisirs ou d'affaires.

Après avoir questionné les uns et écouté les autres, grand'mère entendit un de nos cousins, Alfred Vois, déclarer que les intérêts d'une succession à recueillir l'appelaient dans une petite ville du Midi qu'il ne connaissait pas.

— De qui vous vient cette succession? demanda-t-elle au jeune homme.

— D'un cousin germain de ma mère, que je ne connaissais pas, et dont j'avais à peine entendu prononcer le nom dans ma famille.

— Et, cependant, vous allez prendre ce qui lui a appartenu ; vous allez entrer en maître dans cette demeure dont le propriétaire était pour vous un étranger ; vous allez fouiller dans des souvenirs qui ne diront rien à votre cœur ; vous allez être un héritier enfin, sans même avoir été un ami ! — Cela ne vous semble-t-il pas être une profanation, et ne faut-il pa au moins avoir été aimé de celui dont on prend ainsi la place ?

Le jeune homme eût un singulier regard de stupéfaction.

— Oui, poursuivit grand'mère avec animation, dussé-je vous paraître étrange, mes chers enfants, je veux vous communiquer quelques réflexions qui tourmentent ma pensée. — Il m'est presqu'impossible, sans en souffrir, de m'habituer à l'*individualisme*.

Ce n'est pas de l'égoïsme, c'est autre chose, et c'est pis encore. — On s'isole, on se fait un centre autour duquel on ne cherche pas à faire graviter les autres, car les autres, on ne s'en occupe même pas ; ils se font et ils doivent se faire leur place, comme nous nous faisons la nôtre, sans pensée pour le reste.

Pour cela, on se sert de son père, de sa mère, comme un tronc sur lequel la branche s'étaie et s'appuie, jusqu'à ce qu'elle ait pris assez de force pour avoir son autonomie et sa vie individuelle, sans rapport avec ce qui l'entoure. — On connaît, pendant quelque temps, pendant les jours où l'on prend force en même temps que lui, le frère qui puise la vie à la même source; mais, en dehors de ce centre étroit, il n'y a plus parenté, il n'y a plus de famille, on ne se connaît plus !

Quand j'étais jeune, j'avais un tel désir, un tel besoin d'aimer, que j'étais heureuse des nombreuses ramifications qui s'étendaient autour de la maison paternelle, sous le nom d'oncles, de cousins et même d'amis. — Hélas! toutes ces racines depuis longtemps ont été coupées ! — Chaque nid ne connaît plus que sa couvée; et lorsque les petits ont des ailes, ils se hâtent de s'en servir pour courir au loin chercher d'autres feuillages ou d'autres toits pour s'y abriter et oublier ceux avec lesquels ils ont reçu la becquée.

D'où vient cette propension nouvelle, si différente de ce qu'elle était, il y a peu d'années, et à laquelle il y a fallu un si petit nombre de jours pour éclore et prendre les proportions d'un envahissement général?

Je suis à peu près convaincue qu'elle est le résultat du *sensualisme* absolu qui s'est emparé en maître de la génération actuelle. — Rien au delà, rien au dehors de mes satisfactions personnelles, sous toutes les formes et sous tous les aspects. — Fortunes rapides pour lesquelles tous les moyens nous paraissent acceptables, ambitions sans limites, sans tenir compte de nos capacités ou de nos aptitudes, n'ayant d'autre but que de nous voir au haut de l'échelle, planant au-dessus de la tête de ceux qui sont restés en bas, et que nous appelons : imbéciles, parce qu'ils ont reculé quelquefois devant l'écrasement général sous le poids de leur personne.

Nous vantons tout pour nous seuls, pour nous-mêmes, pour cette petite individualité qui s'appelle *moi.*

Voilà pourquoi le sentiment familial n'existe plus nulle part. — C'est une phase qui, évidemment, a sa raison d'être, comme tout ce qui se produit dans notre marche, que je crois ascensionnelle ; mais elle n'en a pas moins ses tristesses pour ceux qui ont connu les joies que donne l'affection. — Le cœur est large, il peut s'étendre et s'agrandir, et, plus la place est prise, plus il me semble que nous devons trouver de bonheur dans la vie.

Oui, la famille existe encore quelquefois, poursuivit grand'mère, en continuant sa pensée, mais elle existe quand il s'agit d'aller recueillir un héritage et d'aller planter sa tente et enter son bonheur et ses satisfactions personnelles sur l'œuvre, déjà achevée, qu'un inconnu, un parent que l'on reconnaît alors, avait préparée aussi pour *lui,* sans se préoccuper du successeur qui viendrait un jour la prendre et la faire sienne.

C'était peut-être une boutade, ce que venait de nous dire grand'mère ; mais nous avons tous sondé notre cœur et nous l'avons embrassée avec effusion pour qu'elle ne pensât pas qu'elle en avait si justement sondé les profondeurs.

DIX-HUITIÈME VISITE

LA SUPERSTITION

Nous sommes à peine à la fin d'octobre, et déjà toutes les installations d'hiver sont faites dans la chambre de grand'mère et autour d'elle. Le tapis, bien épais, fait éprouver une douce sensation de chaleur et de bien-être lorsque l'on pose les pieds dessus; les rideaux d'étoffe sont remis aux croisées, et un bon feu de bois brille dans la cheminée.

Presque tout le monde est de retour, et nous nous sommes déjà rencontrés hier autour de ce grand fauteuil capitonné, d'où s'échappent des regards si remplis d'affection, et quelquefois d'un peu de malice. Mais quelle malice! Nous savons bien ce qu'elle signifie.

Seule, Ernestine Valin, une de nos cousines, jeune femme mariée depuis deux ans à peine à un officier de marine, a manqué hier au rendez-vous donné par grand'mère. Elle vient d'entrer dans la chambre, et elle balbutie quelques excuses, évidemment des prétextes, parce que nous ne saurions trouver de bonnes raisons pour nous dispenser de cette première visite, qui annonce le retour annuel de la campagne.

— Voyons, Ernestine, dis-nous quelles sont les impérieuses raisons qui t'ont empêchée de te joindre hier à toutes nos hirondelles? demanda grand'mère avec son bon sourire. Tu sais que je devine ce que l'on ne me dit pas; fais-toi un mérite de ta confiance. Tu ne peux, n'est-ce pas, avoir de motifs que nous ne puissions connaître?

Ernestine jeta autour d'elle un de ces regards qui quêtent une approbation, et elle murmura, presque bas, comme si elle avait voulu retenir ses paroles :

— Grand'mère, tu le sais, je suis, malgré moi, un peu superstitieuse, et hier... hier, le premier jour où nous devions revenir près de toi, était... un vendredi!

A ces mots, une explosion de rires, de chuchotements ou de paroles ironiques se fit jour de toutes parts dans notre assemblée un peu libre penseuse.

Grand'mère seule resta calme, comme si elle comprenait et approuvait les paroles de la jeune femme.

— Est-ce vraiment sérieux, mon enfant, ce que tu

viens de nous dire? demanda-t-elle enfin après quelques secondes de silence.

— Est-ce que j'aurais osé l'exprimer sans cela? reprit la jeune femme, toute rouge de son audace.

— On ne raisonne pas les impressions, reprit grand'mère ; et la superstition de ton esprit, dont tu nous donnes ici une preuve, n'est pas autre chose qu'une impression.

Les raisonnements ne s'adressent qu'à la raison elle-même et chaque fois que l'on se laisse dominer par les impressions, par la superstition surtout, qui en est une conséquence, on donne la preuve, non d'un esprit faible, comme on pourrait le supposer, mais d'une éducation négligée dès le début de la vie.

Cette réflexion est si vraie, que l'histoire nous montre, à chaque pas, l'exemple des plus grands hommes et des esprits les plus élevés, subissant des superstitions ridicules.

— J'ai entendu souvent raconter, dit Jules, que le plus superstitieux des hommes avait été Jean-Jacques Rousseau, dont l'esprit si élevé ne savait pas se mettre au-dessus de certaines appréhensions qui n'auraient pas arrêté l'intelligence la plus vulgaire et la plus terre à terre. Et ce grand philosophe jetait en l'air un sou pour faire *pile* ou *face;* ou bien il lançait une pierre contre un arbre, afin qu'elle l'atteignît de telle ou telle façon pour y lire la réussite ou l'insuccès de ce qu'il allait entreprendre.

— Toutes ces puérilités, reprit grand'mère, sont une des plus grandes preuves de notre infériorité relative; l'homme qui parle avec tant d'emphase du degré de civilisation auquel il est arrivé, ne pense pas que ce mot de civilisation, qui représente pour lui le plus haut degré auquel puisse arriver l'espèce humaine, n'est pas autre chose, en réalité, qu'une sorte de barbarie, que prendront en pitié, plus tard, ceux qui nous succèderont et dont les vues seront plus éclairées et plus larges que les nôtres.

Ces superstitions dont nous rions aujourd'hui, et que quelques esprits arriérés conservent encore, étaient, il y a quelques siècles, il y a quelques années, l'objet d'une croyance et d'une admiration presque générales.

Il y a même quelques personnes qui, de nos jours encore, se retireront de table si elles s'aperçoivent qu'il y a treize convives; d'autres qui pâliront et seront émotionnées, si une salière se renverse ou si une belette croise leur chemin.

On a dit « que le fond primitif des superstitions, croyances purement imaginaires, qui tiennent une si grande place dans la vie des peuples, est partout essentiellement le même, parce qu'elles naissent immédiatement des instincts naturels de l'homme

encore plongé dans l'ignorance ». La croyance aux
esprits, aux sorts, aux présages, à la magie, se
retrouve sous mille formes diverses chez les races les
plus sauvages, comme chez les peuples les plus
civilisés. La superstition peut donc, à mon avis, être
définie ainsi : la déviation d'une foi religieuse, développée par l'ignorance.

— Mais alors, grand'mère, pourquoi nous raconte-
t-on et nous fait-on lire des histoires de fées et de reve-
nants? demanda une petite fille qui se trouvait parmi
les visiteurs.

— Mais je n'encourage et je n'approuve nullement ces récits et ces lectures, ma chérie, répondit
grand'mère. Ils seraient tout au plus acceptables pour
les esprits sérieux, qui ne verraient en eux que ce
qu'ils sont réellement : des fictions qui nous éloignent
de la vérité ; mais, livrés à des enfants, ils me paraissent dangereux et agissent toute la vie sur une imagination si facile à accepter et à admirer ce qui sort
de l'ordre naturel.

Comment ne se laisserait-on pas séduire par des
fées, tout habillées d'or et de pierreries, et demeurant
dans des palais merveilleux taillés dans le diamant et
l'émeraude? Et quel n'est pas l'effroi que nous peut
inspirer la pensée de ces korrigans bretons, nains dif-
formes et hideux, qui ne cherchent que l'ombre des
ruines et des dolmens?

Toutes ces croyances, qui frappent l'imagination dans la jeunesse, laissent leur trace indélébile dans l'âge mûr, et chaque pays conserve, comme une tradition, ces superstitions ridicules, auxquelles nous n'échappons pas toujours, malgré notre volonté et les efforts de notre raison.

— Puisque chaque pays a les siennes, tu devrais bien nous en citer quelques-unes, dit Pierre.

— Je le veux bien, si ma mémoire n'est pas trop infidèle, reprit grand'mère avec bonhomie. Dans l'est de la France, on a une dévotion particulière pour les *Ondines*, ces blondes filles des eaux, qui précipitent dans la Moselle les adorateurs qui se laissent prendre à leurs sourires. Dans la Franche-Comté, le Jura; les *Herlequins* se livrent à des chasses fantastiques dans les forêts profondes, et les paysans se signent avec crainte, lorsqu'ils croient voir leur essaim qui tourbillonne sans cesse. En Languedoc et en Provence, on redoute le *Drac*, qui poursuit les enfants pour les effrayer. Dans le Berry, les *Farfadets* attirent les passants dans les marais pour les y faire périr. Dans les Alpes, on croit, au contraire, à des esprits bienfaisants qui, sous le nom de *Solèves*, aident, la nuit, les jardiniers dans leurs travaux. En Normandie, les *Gobelins* nettoient la maison et font la besogne de la ménagère, lorsqu'ils veulent lui être favorables; mais aussi le *Loup-garou* rôde la nuit pour étrangler les voyageurs, et il ne rentre qu'au point du jour dans sa caverne profonde. Dans les provinces de l'ouest, on a la *Chasse-galery*, qui emporte les morts des cimetières et en distribue les membres dans les campagnes, en jetant des cris d'orfraie, la nuit, pour imprimer la terreur dans les esprits, etc., etc.

Partout, enfin, l'homme a peuplé l'air, l'eau, les bois d'êtres invisibles et mystérieux, presque toujours malfaisants; superstition dans laquelle se retrouve toujours le génie particulier du peuple chez lequel elle a pris naissance.

Un évêque de Lyon, qui vivait au IX° siècle, a laissé dans ses écrits la relation d'une superstition qui consistait à croire qu'il y avait dans les nuages une contrée mystérieuse que l'on nommait *Mazonie*, dans laquelle des navires aériens emportaient tous les fruits que les vents ou les tempêtes faisaient tomber des arbres sur terre. Il faut avouer que les malheureux habitants de ce pays étaient assez mal nourris, s'ils n'avaient pas d'autres ressources.

Je ne puis, termina grand'mère, continuer une énumération qui demanderait une érudition autrement étendue que la mienne; mais cette petite dissertation ne me paraît pas tout à fait inutile à une époque où, sous l'apparence d'esprits forts, nous rencontrons à chaque pas des gens arrêtés dans leurs entreprises par les idées les plus puériles, par des superstitions qui ne supportent pas un instant d'examen et de raisonnement.

Je ne sais si je vous aurai convaincus, mes enfants; mais, au moins, je vous aurai engagés à réfléchir. C'est tout au plus le but auquel je puis aspirer.

DIX-NEUVIÈME VISITE

LE LUXE ET LA SIMPLICITÉ DANS LE MÉNAGE

Nos visites, assez rares, puisque nous ne les faisons que tous les deux mois, laissent à bien des événements le temps de se produire.

L'une des jeunes filles les plus aimées de grand'mère, Louise Duré, jolie, aimable, spirituelle, allait se marier avec un jeune ingénieur sorti de l'École centrale.

Eugène Pinteau, par son mérite d'abord, par de bonnes relations ensuite, a obtenu, dans une usine aux portes de Paris, une place de 6.000 francs, dont il est enchanté et avec laquelle il espérait, la dot de sa femme aidant, faire marcher honorablement son jeune ménage.

Louise est charmante et elle a 60.000 francs de dot. Voilà donc réunies toutes les conditions d'un bonheur modeste, et toutes les jeunes filles auraient pu envier Louise Duré.

Cependant, le mariage de Louise vient de se rompre presqu'au dernier moment ; ç'a été un grand émoi parmi toutes ses amies : aussi la première visite à grand'mère était-elle attendue avec grande impatience.

Un peu de curiosité, beaucoup d'intérêt pour Louise, que nous aimons sincèrement, nous font hâter l'heure à laquelle nous arrivons ordinairement auprès de notre vieille et aimable conseillère.

Le froid et la rudesse de l'hiver aidant, il y a quelque chose de triste dans l'aspect de grand'mère et dans tout ce qui l'entoure.

Il est évident qu'elle souffre du chagrin de Louise ; peut-être aussi est-elle affligée du rôle un peu sévère qu'elle se voit obligée de prendre auprès de cette enfant, qu'elle aime de tout son cœur.

Nous étions toutes réunies depuis une demi-heure environ, lorsque Louise, la dernière, pénétra dans la chambre de grand'mère.

Elle faisait tous ses efforts pour paraître gaie comme à l'ordinaire ; mais il était évident qu'une vive contrariété, sinon un profond chagrin, contractait, sans qu'elle le voulût, les lignes si pures de son joli visage.

Vous savez que tout se passe en famille dans la chambre de grand'mère, et qu'il est convenu que les remontrances, les confessions intimes, les avis ou les conseils, auront toujours pour témoins ceux qui, le lendemain, pourront être acteurs à leur tour.

Louise savait donc qu'elle allait être mise sur la sellette.

Après l'avoir tendrement embrassée, grand'mère la fit asseoir auprès d'elle.

— Mon enfant, lui dit-elle avec le ton de la plus bienveillante affection, je ne t'imposerai pas la cruelle nécessité de me raconter les phases de la rupture de ton mariage; j'en connais les causes, mieux que toi, peut-être; mais il est de mon devoir de grand'mère de te prémunir, toi et mes autres enfants, contre les événements semblables qui pourraient encore se produire.

Le front de Louise, couvert de rougeur, était penché sur sa poitrine, mais presqu'aucune de nous ne s'en apercevait, tant nous évitions de tourner nos regards vers elle.

— Ton mariage, continua grand'mère, allait se faire sous les meilleurs auspices, tout semblait te promettre un heureux avenir. Malheureusement, ou heureusement peut-être, ton fiancé et toi n'avez pas été élevés dans les mêmes idées en ce qui concerne le bonheur. Tu le fais consister dans le luxe, dans la représentation, dans les dehors de la vie; tandis que lui ne le comprend et ne l'accepte que sous la forme du bien-être intime et disait qu'on l'acquiert seulement par une vie sérieuse et des dépenses réfléchies.

L'acquisition de la corbeille, le choix de l'appartement que vous deviez habiter et l'achat de votre mobilier devaient être nécessairement les questions où vous alliez vous diviser, et qui allaient vous faire connaître l'un à l'autre sous votre véritable jour.

Eugène Pinteau, avec son esprit pratique de mathématicien, a fait un calcul exact de la somme qu'il pouvait dépenser en cette circonstance. — J'aime Louise de tout mon cœur, m'a-t-il dit en me consultant un peu; et, pour lui être agréable, je dépasserai cette somme; nous rattraperons cela plus tard, en nous faisant quelques mutuels sacrifices.

— Chère fille, ta corbeille a été achetée par lui avec cette pensée; il y a apporté un luxe auquel il n'aurait jamais pensé s'il ne t'avait pas connue un peu... exigeante à cet égard. Mais hélas! qu'était ce luxe modeste à côté de celui que tu espérais, que tu attendais?

Il y avait mis quelques dentelles et quelques bijoux; les robes, en solides étoffes, étaient peu nombreuses; les mouchoirs et les éventails n'avaient pas coûté quatre ou cinq années des appointements de ton futur mari.

Et toi, tu avais lu dans certains journaux, auxquels on habitue trop les femmes, la description pompeuse des trousseaux et des corbeilles de Mlle X.... ou de Mlle Trois-Étoiles ; tu t'étais figuré que tu devais être une de ces reines de la mode et du monde élégant pour lesquelles l'industrie du monde entier semble s'évertuer à créer des merveilles, et tu ne t'es pas montrée satisfaite de la simplicité des cadeaux qui t'étaient offerts.

Il y a quelques années seulement, une jeune fille appartenant à une famille riche, eût été heureuse de les recevoir ; elle y aurait trouvé largement la satisfaction de ses désirs : pourquoi n'en est-il plus ainsi aujourd'hui ?

Je viens de vous en montrer la principale cause. Le palais, habitué aux saveurs fortement épicées, trouvera insipide un mets préparé sans les artifices de la haute cuisine ; la femme à qui l'on ne parle que de brocarts, de points d'Angleterre et de diamants ou de saphirs, regardera avec mépris et douleur les vêtements plus simples, les bijoux plus modestes, dont sa raison devra se contenter.

C'est là, sans que l'on semble s'en douter, un des plus grands écueils contre lesquels va se heurter le bonheur de la génération présente.

Il y a encore, et Eugène Pinteau en est la preuve, des hommes qui, malgré leur affection pour la femme qu'ils ont choisie, reculent épouvantés devant l'avenir qu'ils entrevoient; mais combien d'autres, moins sérieux, plus éblouis, partageant eux-mêmes les idées auxquelles les femmes sacrifient, se laissent entraîner et marchent, les yeux fermés, vers une conclusion fatale !

— Tu pleures, ma pauvre et chère Louise, tu n'as pas compris la conduite d'Eugène Pinteau.

Blessé d'abord dans son amour-propre et dans son affection, en voyant que, malgré de réels sacrifices, il n'avait pas atteint son but, il a voulu se justifier et il a cherché à invoquer la raison; il est entré avec toi dans le détail de sa position et de son avenir; il t'a suppliée même de lui donner une marque de confiance en le croyant, et en acceptant ses présents modestes comme un gage de son souci de ne pas troubler la quiétude de votre ménage. Qu'as-tu fait, mon enfant? Tu as continué à trouver indigne de toi ce qui aurait dû te satisfaire. Il te fallait une corbeille de reine, et ton fiancé, bon et intelligent, n'avait à sa disposition que le produit honorable que lui donne son travail.

Son cœur a été déçu : mais il n'a renoncé à toi qu'avec un profond chagrin, mais il a dû faire ce qu'il a fait.

Il s'est demandé si la jeune fille assez frivole pour mettre au-dessus de toutes les autres considérations les satisfactions du luxe et de la vanité ne serait pas, plus tard, une femme dépensière et insouciante, qui ruinerait sa maison? Saurait-elle, un jour, élever ses enfants et se sacrifier à leur bonheur et à leur bien-être? Serait-elle disposée à ces lourds et durs sacrifices personnels qui sont, le plus souvent, le partage de la femme et de la mère?

Et, en présence de ces questions, dans lesquelles sa raison luttait avec son cœur, le cœur a cédé et la raison a été la plus forte.

Il y a certes parmi vous, mes chères enfants, d'honorables et nombreuses exceptions au triste tableau que je vous mets sous les yeux, mais combien sont nombreuses aussi les jeunes filles, charmantes d'ailleurs, qui ressemblent à notre Louise.

Dans ce cas-là, il n'y a pas de moyen terme pour elles; ou elles rencontrent un homme assez faible, assez peu clairvoyant, pour souscrire à leurs caprices et à leurs fantaisies; ou elles effrayent, par leurs exigences, celui qui serait disposé à leur offrir la moitié de son bonheur.

Dans le premier cas, la ruine, la faillite, l'abandon, le déshonneur quelquefois, atteignent l'homme confiant qui a livré sa vie à la femme trop frivole. Dans le second cas, la jeune fille qui n'a pas su prendre la vie sous son côté sérieux, est abandonnée et ne se marie pas.

Robes et dentelles, diamants et brocarts n'ont qu'un temps; mais l'estime et l'affection que l'on sait conquérir par sa valeur personnelle, par le sacrifice de quelques vaines satisfactions d'un luxe éphémère, qui n'a jamais procuré de véritable joie, donnent de durables et sincères jouissances du cœur, qu'aucun autre bonheur ne peut égaler.

Est-ce que vous ne commencez pas à le comprendre et à en être persuadés, mes chers enfants?

Nous allions tous nous lever pour répondre avec l'entraînement de la conviction, lorsque nous fûmes arrêtées par la vue de Louise.

Elle avait compris comme nous; et, plus que nous peut-être, elle était convaincue de la vérité de ce que venait de nous dire notre grand'mère; mais, pour elle, elle ne voyait plus l'avenir, il n'y avait que le passé, qui lui paraissait irrémédiable.

Grand'mère la laissa un instant s'abîmer dans sa douleur; puis se penchant doucement vers la pauvre repentante :

— Est-ce que tu es toujours disposée à sacrifier ton bonheur à un luxe vain et frivole, maintenant? lui demanda-t-elle avec sa douce voix.

— O grand'mère, que ne puis-je revenir sur le passé, comme je suis revenue sur mes sottes idées! s'écria la jeune fille. Je pourrais être encore heureuse et... lui aussi, je te le jure !

Grand'mère sourit malicieusement sans rien dire, mais elle fit un signe, et la porte placée en face d'elle s'ouvrit doucement et livra passage à Eugène Pinteau.

Les yeux du jeune homme étaient humides, et cependant on y lisait l'expression d'une joie profonde.

Il s'approcha de grand'mère et lui tendit ses deux mains. Elle n'en prit qu'une, mais ce fut pour la mettre dans celle de Louise...

Je ne sais ce que se dirent les deux fiancés, mais ce que je puis vous apprendre, c'est qu'avant la fin du mois, Louise sera Mme Pinteau, et que j'ai reçu la douce mission de vous inviter à la célébration de son mariage.

VINGTIÈME VISITE

UNE RÉUNION INTIME

Tant de bals, tant de soirées, tant de plaisirs mondains de toute sorte absorbent en ce moment le temps et la pensée de la jeunesse qui se presse ordinairement autour de grand'mère, que bien souvent, cet hiver, nous ne nous sommes trouvés que cinq ou six, les fidèles, pour causer avec elle et écouter ses conseils.

Ces jours-là, elle nous regarde, sourit, et écoute à son tour, parce que ce sont les moins jeunes et les plus expérimentés dans la science de la vie, qui entourent son fauteuil, tous ravis d'une joie secrète à se trouver presque dans la solitude avec elle.

C'est que grand'mère ne moralise plus, quand nous sommes dans notre petit comité : il lui semble alors causer avec elle-même, tant nous nous identifions avec elle, tant nous savons, grâce à l'affection et à l'habitude, saisir et continuer sa pensée.

Alors, elle se laisse aller au charme de ses souvenirs ; elle nous raconte les joies et les douleurs de sa jeunesse, si loin pour nous, si près encore pour elle, que souvent ses yeux se mouillent de larmes, en les évoquant.

Elle se plaît alors, tout en vivant de la vie moderne, à laquelle elle se prête avec tout le charme de son cœur et de son esprit, à comparer ce temps de calme, dont nous sommes séparés depuis si peu d'années, avec l'existence dévorante qui nous emporte aujourd'hui comme en un tourbillon.

— Comment ne serais-je pas devenue philosophe, en regardant passer tant de gens et tant de choses ? dit alors grand'mère ; acclamer aujourd'hui ce que j'ai vu hier traîner dans la fange, et repousser du pied avec dédain la personne, l'œuvre ou l'idée devant lesquelles on s'inclinait hier, la tête courbée, comme devant la plus incontestable des supériorités ?

Je suis née à la campagne, dans un village, où, pendant les premières années de mon existence, je n'ai appris à connaître que les grandeurs que nous offre la nature ; j'ai vu les arbres aux hautes cimes, sachant se courber ou s'incliner sous les rafales ou sous les tempêtes ; mais grandissant toujours sous les rayons du soleil, vers lequel ils s'élevaient dans leur croissance laborieuse. — J'ai vu l'herbe des champs, modeste et fleurie, borner son ambition à orner et à embaumer la prairie. Elle se trouvait heureuse du sort qui lui était fait, sans chercher à égaler la tige élevée sous laquelle elle s'abritait quelquefois sans être gênée par son ombre. J'ai vu l'insecte aux brillantes couleurs et le ver de terre sautiller élégamment ou ramper lourdement sur la terre, obéissant chacun à l'ordre de la nature, sans se demander si les autres êtres créés avaient des aspirations, des tendances ou des appels en dehors des facultés qui leur avaient été départies.

Il y a tant de simplicité dans cette existence qui vous conduit du champ où labourent péniblement les grands bœufs, conduits par le cultivateur, à l'étable où rumine paisiblement, auprès du veau qu'elle allaite, la vache brune que vient traire la servante de ferme.

Là, une simplicité vraie se retrouve et se reproduit dans tous les actes et dans tous les événements de la vie.

En général, le travail matériel absorbant ne laisse pas de liberté aux pensées vagabondes et ambitieuses. Leur séjour, à ces pensées funestes, il est dans la cervelle des gens des villes, dont l'existence plus factice laisse plus de place aux jeux d'une vaine inspiration.

Du moins, tout cela était ainsi quand j'étais jeune, ajouta grand'mère. Dans ce temps-là on aimait encore le pays où l'on était né, et l'on désirait y mourir. — Cela valait-il mieux ? Je l'ignore. Il n'y avait pas encore les chemins de fer, aux bruyantes animations, qui sont la cause première de l'existence vertigineuse qui nous entraîne ; il n'y avait pas ces télégraphes électriques qui communiquent à l'instant nos pensées à des milliers de lieues du pays où nous vivons ; il n'y avait pas une presse toujours militante, toujours enfiévrée, créant les événements, les amplifiant, les racontant au monde entier, qu'elle initie à la vie et à la pensée moderne, qui deviennent ainsi celles de tous.

Est-ce que nous avons une patrie, je dirais presque une famille aujourd'hui ? — Non, la vie individuelle, la vie de l'être semble être la seule chose qui nous occupe et qui nous soit chère.

Il n'y a plus de fourmi qui amasse et plus de cigale qui chante ; il n'y a plus que l'homme d'affaires qui marche vers un but doré, toujours le même : la fortune !

Si la gloire se trouve sur la route, par hasard, on l'accroche, en passant, comme un appoint au bagage ; mais elle n'est plus le but, pour personne.

— O grand'mère, grand'mère ! s'écria Jules, un des fidèles !

— Chut ! indiscret, dit-elle en mettant un doigt sur ses lèvres ! Est-ce que le génie serait la grandeur qui attire nos admirations s'il n'était une exception et s'il pouvait être comparé à la foule ?

Je parlais tout à l'heure de la fourmi et de la cigale ; je me demande sérieusement où le bon La Fontaine, puisque c'est ainsi qu'on l'appelait, prendrait ses exemples aujourd'hui pour que l'homme s'y reconnût.

Autrefois, quand nous étions les élèves de la nature, nous voulions bien être comparés aux bêtes et nous reconnaître un peu dans leurs actions ; mais, avec notre ère moderne, est-ce qu'il y a une bête à laquelle nous puissions être comparés ?

Nous, nous avons marché, de travers ou suivant la droite ligne, ce n'est pas ce que je cherche, et les bêtes, elles, sont restées ce que la nature les avait faites, regardant le matin le soleil qui se lève et réjouit leur cœur si ses rayons sont chauds et vivifiants, et se couchant le soir, sans souci du lendemain et des événements sur lesquels elles ne peuvent avoir aucune action.

Nous, au contraire, sans penser que demain peut-être nous n'y serons plus, nous entassons projets sur projets pour détruire les travaux ou les espérances de la veille ; nous nous lançons dans des spéculations énervantes, agissantes, renversant le bonheur d'aujourd'hui pour créer la ruine et le malheur de demain.

Mais c'est là ce que nous appelons vivre, ce qu'il faut à notre imagination surexcitée, depuis que nous avons abandonné cette vie simple dont je vous parlais tout à l'heure.

Je sais que l'on reproche aux vieillards leur amour pour le temps passé, leur injustice pour le temps où ils vivent encore en n'étant plus jeunes. — Mais cet amour et cette injustice s'expliquent si facilement qu'il est impossible de leur en faire un crime.

Est-ce que tout n'est pas plus beau lorsque l'on est jeune, que la sève monte vigoureusement à notre cœur et à notre tête? Est-ce que nous ressentons le froid qui engourdit les membres du vieillard, et nous apercevons-nous, comme lui, de la fatigue de la route? Tout est beau, tout est joyeux, tout est brillant le matin quand on part, ne voyant que le but vers lequel on a l'espérance d'arriver. Tout est triste, au contraire, le soir, lorsque, la journée écoulée, nous nous apercevons que le but entrevu est si loin que nos forces épuisées ne nous permettront jamais de l'atteindre.

Alors, on jette un regard de morne tristesse sur les illusions perdues, qui animent encore le cœur de ceux qui sont jeunes, et l'on trouve plus beau le moment du départ, auquel il n'est plus permis de retourner jamais.

Je me rappelle avoir entendu un jour une très vieille femme, à qui le temps n'avait pas permis de s'apercevoir qu'elle avait peu à peu perdu tous les charmes et les agréments de la jeunesse, attribuer au climat seul du pays qu'elle habitait tous les désagréments d'une vieillesse qu'elle croyait anticipée.

« Lorsque je suis arrivée à R..., nous disait-elle, j'avais les plus beaux cheveux bruns du monde, mes dents étaient blanches et égales et mon teint avait une blancheur qui le disputait au lait lui-même. Voyez l'état désastreux dans lequel m'a mis l'air du pays où j'ai eu la mauvaise pensée de venir habiter ! Mes cheveux sont partis et le reste a blanchi, mes dents sont devenues rares et ébranlées, et mon visage ridé me fait ressembler à une vieille pomme de reinette. »

Tout cela était vrai, et aurait pu amener des larmes de pitié, si notre vieille interlocutrice n'eût pas subi la loi commune ; mais l'un de nous s'avisa de lui demander : « Depuis combien d'années habitez-vous ce climat si désastreux pour votre beauté ? »

La bonne dame réfléchit quelques instants comme pour mieux rappeler ses souvenirs ; et, sans nous laisser croire qu'elle s'apercevait de la naïveté de sa réponse : « Il y a soixante ans à peu près, nous dit-elle, que je suis venue m'établir ici avec mon mari, qui venait d'y acheter une petite propriété. »

Est-ce donc ainsi que nous sommes tous? Non, mes enfants, et ma vieillesse, quoiqu'elle me donne le droit de vous apporter des conseils et de vous faire profiter de mon expérience, ne me conduira jamais à critiquer avec un esprit chagrin les changements de mœurs, de coutumes ou d'habitudes apportés nécessairement par les améliorations industrielles et par le progrès, qui marche sans arrêt et sans recul, quoique cela nous paraisse quelquefois être le contraire.

Je constate les changements, qu'une vie plus expérimentée me permet de voir mieux que vous, voilà tout; mais grand'mère sera toujours, quoi qu'il arrive, l'amie dévouée de votre jeunesse, qu'elle aime de tout son cœur et auprès de laquelle elle est si heureuse de venir se réchauffer quelquefois.

VINGT-UNIÈME VISITE

LES PETITS BONHEURS

Comme la jeunesse est ingrate et oublieuse ! Trois mois se sont écoulés depuis que nous avons fait à grand'mère une de ces visites auxquelles elle s'est habituée comme au seul petit bonheur que la vie lui réserve encore.

Cependant, aujourd'hui, au moment des départs pour la campagne, personne n'a voulu oublier la visite d'adieux, à la veille d'une séparation qui doit durer à peu près tout l'été, sauf cependant pour ceux qui s'éloignent peu de grand'mère.

Nous avions, parmi nous, et au premier rang, notre cousin Charles, l'avocat, qui s'est, après les fêtes de l'hiver dernier, très richement marié avec une jeune fille, seule héritière de *plusieurs* grandes *fortunes*.

C'est une jeune femme qui, pour employer le triste style du jour, marche au milieu d'*espérances*.

Notre nouvelle cousine n'est ni laide ni jolie ; mais une toilette luxueuse et élégante lui tient lieu de beauté, — elle n'est ni sotte ni spirituelle, ni trop ignorante ni très instruite ; mais un grand aplomb, effet inévitable des succès de la fortune dans le monde, lui tient lieu de l'esprit et de l'instruction qui lui manquent un peu.

Elle tranche toutes les questions, parle de tout et sur tout, avec une sûreté de décision que ne saurait jamais avoir une personne sage et expérimentée.

Je ne sais si l'habitude que l'on a prise autour d'elle de l'écouter et de l'applaudir lui a donné cette confiance ridicule, mais nous, qui la connaissions à peine, nous ne pouvions nous empêcher de regarder avec étonnement cette jeune femme de vingt ans, pour qui les arts, les sciences, et même la politique, semblent ne plus avoir de secrets.

C'était la première fois qu'elle assistait, avec nous tous, à une visite générale chez grand'mère.

Malgré l'aveuglement que je lui suppose, Charles ne me semblait pas parfaitement à l'aise, et, en moi-même je ne pouvais m'empêcher de remarquer, peut-être un peu malicieusement, qu'il redoutait pour sa

femme le regard si perspicace de notre chère grand'-
mère.

- La jeune femme entra, au bras de son mari, avec
un air de commissaire-priseur, comme cherchant à
doser, d'après la valeur de la toilette, le degré d'estime
qu'il doit avoir pour chaque personne qui l'entoure.

Le résultat de son examen ne fut probablement pas
très favorable, car je remarquai qu'un sourire, à demi
dédaigneux, errait sur ses lèvres au moment où elle
prit place dans un fauteuil, qu'on lui avait réservé
auprès de grand'mère, comme à une nouvelle venue
et à la dernière arrivée.

- C'était, sans qu'elle s'en doutât, se mettre bien près
du feu, qui tantôt réchauffe et tantôt brûle !

Il devait, ce jour-là, réchauffer ceux qui s'en tenaient
le plus éloignés.

— Sais-tu, Charles, dit grand'mère après avoir longtemps écouté et examiné, sans en avoir l'air le moins
du monde, les allures de la nouvelle venue, sais-tu
que notre ami Pierre Villot vient, comme toi, d'entrer
en ménage ?

— Il y a si longtemps que nous ne nous sommes
vus, et les chemins où nous passons se sont tellement
éloignés l'un de l'autre, reprit Charles, que je l'igno-
rais.

— Il a épousé une jeune fille sans fortune, je
crois, reprit grand'mère ; mais je sais qu'il recher-

chait, dans sa femme, la valeur que donne le mérite personnel avant les jouissances fastueuses que l'argent procure. Sa position est modeste; mais je suis convaincue qu'elle sera heureuse. — J'ai vu sa femme, qu'il m'a amenée, il y a quelques jours, dans l'intimité. — J'avoue qu'elle m'a gagné le cœur par sa simplicité, qui faisait deviner son mérite sans le mettre en évidence, et je suis sûre que vous seriez heureux de la connaître. Voyons, Charles, est-ce que tu ne trouveras pas, dans quelque coin de ton cœur, un reste de souvenir pour cette amitié d'autrefois, dont je t'ai vu souvent si heureux et si fier?

— Je ne demanderais pas mieux, peut-être, répondit Charles, évidemment embarrassé.

— Est-ce donc ta femme qui s'y opposerait?

— Moi? mais nullement, s'écria la jeune femme ainsi interpellée; mais je crois que ces braves gens eux-mêmes se trouveraient embarrassés avec nous.

— Vous croyez? dit grand'mère avec son sourire, qui sait dire tant de choses.

— Mais oui, leurs habitudes, leur vie, doivent différer des nôtres !

— A cet égard-là, peut-être avez-vous raison, ma chère. Vous aimez, je crois, le faste, le luxe, la vie au grand jour, à grand bruit, et à grandes guides. — Ils aiment la simplicité, le bonheur tranquille, la vie

intime du foyer, dans laquelle on apprend à se connaître, à s'aimer et à s'estimer.

Vous, vous appréciez avant tout l'éclat qui appelle
la vue, l'admiration et l'envie ; eux, ils aiment au-
dessus de toutes ces choses, la modestie de position
qui apporte *les petits bonheurs*. — Or, je suis convaincue, et pour cela, mes chers enfants, vous pouvez
en croire ma très vieille expérience, que c'est dans
les petits bonheurs que se trouve le véritable bonheur.

Demandez à ceux qui ont éprouvé quelques-unes
des grandes joies que donne quelquefois la vie ? —
C'est un éclair éblouissant, qui souvent fait paraître
un peu terne le reste de l'existence.

Les petits bonheurs, au contraire, se renouvellent
à chaque instant, à chaque pas dans la vie. — Ils se
trouvent en nous bien plus que dans les événements
par lesquels nous sommes sans cesse ballottés. —
L'occupation utile et chaque jour répétée, la conscience du devoir accompli, le service rendu sans
ostentation par amour de son semblable, la joie que
l'on apporte ou le sourire que l'on fait naître, sont
autant de petits bonheurs pour lesquels il n'est besoin
ni du faste qui entoure ceux que l'on appelle les heureux de la terre, ni de la fortune.

— Cependant, nul ne la dédaigne, cette fortune,
reprit vivement la jeune femme un peu vexée.

— Non certes ; et, pas plus qu'un autre, je ne souhaite qu'on la dédaigne ; mais je voudrais, continua grand'mère, que l'on s'habituât à ne pas la considérer comme le seul élément de bonheur auquel nous devons nous attacher ; je voudrais qu'on l'estimât pour ce qu'elle vaut, c'est-à-dire comme un moyen, et non comme un but ; je voudrais, surtout, que nous fussions assez séparés de cet entourage doré pour ne pas puiser en lui toute notre valeur, et qu'il ne fût qu'une aide pour nous permettre plus sûrement de la chercher en nous-mêmes. — C'est là, précisément, ce que comprennent, je crois, l'ancien ami de Charles et sa femme...

La jeune et nouvelle visiteuse regarda grand'mère avec un étonnement et une mine quelque peu dédaigneuse, qui nous choquèrent : aussi nous éprouvâmes tous une grande satisfaction à la voir se lever et quitter la place qu'elle occupait auprès de grand'mère.

Elle passa près de nous, plus superbe encore que lorsqu'elle était entrée...

Lorsque Charles s'approcha de grand'mère pour lui donner le baiser d'adieu :

— Tu me reviendras l'année prochaine, mon enfant, lui dit-elle avec tristesse ; puisses-tu me revenir avec *elle* !

VINGT-DEUXIÈME VISITE

UN JOUR DE TRISTESSE

Un long silence règne aujourd'hui dans la chambre de grand'mère, où nous sommes presque tous réunis depuis un instant. C'est qu'un grand malheur vient de frapper l'une de nous, et nous sentons la douleur de notre amie, presque notre sœur, planer au milieu de nous, et retomber sur notre cœur après avoir frappé le sien.

Pauline vient d'entrer, en longs habits de deuil qui la recouvrent tout entière.

Il y a un mois, heureuse, et presque fière de son bonheur, la jeune femme était partie pour la Suisse, avec son mari, envoyé en mission pour y traiter une affaire importante.

Ils s'en étaient allés gaîment, ne voyant dans la vie que les joies qu'elle peut donner, et ne prévoyant pas les tempêtes qui succèdent aux rayons du soleil.

Ils étaient partis..... Et Pauline est revenue seule!

Son mari, jeune, aventureux, un peu imprudent comme ceux à qui tout réussit, n'écoutant qu'à demi les conseils du guide qui les accompagnait dans une excursion périlleuse, était tombé au fond d'un gouffre, d'où l'on n'avait retiré qu'un cadavre!

Pauvre Pauline! Elle était restée de longs jours au lit, malade, ne sachant si elle devait désirer vivre ou se laisser mourir.

Mais elle se rappela que dans cet intérieur, qu'elle avait laissé si joyeux et si tranquille, vivait un petit être, aux lèvres roses et aux cheveux blonds, qui avait besoin de son amour à elle pour devenir un homme.

Pauline s'était donc relevée; et, triste, abattue, sans autre espoir qu'un devoir à accomplir, elle avait repris la route si joyeusement parcourue au bras du mari auquel elle avait donné son cœur.

Voilà pourquoi nous étions tristes... C'est que nous savions que Pauline allait venir, et nous l'attendions...

Son premier baiser à grand'mère ne fut qu'un long sanglot, et tous, nous sentions nos yeux remplis de larmes. Puis, peu à peu, emportée par une surexcitation fébrile, elle nous fit le récit des tristes événements qui venaient de la rendre veuve.

La douleur a son éloquence, et nous écoutions la pauvre enfant avec une attention attristée, lorsque grand'mère, toujours plus sage que nous, intervint doucement lorsqu'elle pensa pouvoir le faire sans froisser Pauline.

— Repose-toi, mon enfant, lui dit-elle ; et loin d'évoquer en ce moment des souvenirs douloureux qui ne font que raviver tes angoisses, songe à l'avenir, que tu n'entrevois ainsi qu'à travers un voile de douleurs et de larmes.

— O grand'mère ! c'est que pour moi il n'y a plus autre chose dans la vie ! — Que m'importent le monde et tout ce qui n'est pas son souvenir à lui ! — Demain, je vais m'enfermer dans la pièce la plus sombre de ma demeure, et je n'en sortirai plus !...

— Quoi ! pas même pour venir me voir ! exclama grand'mère.

— Hélas ! à quoi suis-je bonne aujourd'hui ? Je pleure, et je pleurerai toujours...

Grand'mère ne répondit pas. — Elle laissa passer cette explosion, qu'elle trouvait sans doute bien naturelle ; mais on voyait, à ses yeux, qu'elle en pensait plus encore, et qu'elle ne laisserait pas partir notre pauvre amie sans lui avoir réconforté l'esprit et le cœur.

Un moment s'écoula ainsi.

— Pauline! reprit tout à coup grand'mère, est-ce que tu crois à mon affection et surtout à mon expérience?

La jeune femme prit vivement les deux mains qui lui étaient tendues.

— Oh! je crois à tout ce qui est bon et noble sur la terre, répondit-elle avec vivacité.

— Eh bien, mon enfant, laisse-moi te dire qu'il y a, dans l'exagération avec laquelle tu t'exprimes et tu envisages l'avenir, quelque chose qui n'est digne, ni de la femme que tu dois être, ni de la mère que tu seras un jour. Certes, je sais très bien que je n'ai qu'à laisser agir le temps pour qu'il te ramène à des pensées plus calmes et plus sensées; mais je désire te les faire envisager aujourd'hui, afin que tu n'aies aucune sensation pénible, lorsque tu compareras demain avec aujourd'hui.

Tu dis ne plus tenir à rien, ma pauvre enfant, et tu as là, près de toi, un fils bien-aimé qui te tend les bras, dont le sourire t'appelle, dont le cœur te demande tout l'amour que le tien peut contenir!

Est-ce que tu crois que nous avons été créés pour nous seuls, pour vivre en égoïstes, courbant notre tête sur le sol et cherchant les ténèbres, quand l'air est plein de lumière et de soleil, et que nous n'avons qu'à tendre la main pour aider les autres à y marcher? Tu es jeune, et tu dois être forte, ma fille; et, si tu ne vois plus les plaisirs que peut offrir la vie, tu dois, sans faillir, en contempler les devoirs.

Tu vois que, moi aussi, je fais ce que je te conseille de faire en ce moment, continua grand'mère, dont un faible sourire effleura presque les lèvres ; car j'accepte un devoir pénible en te parlant ainsi ; moi, je suis vieille et les rayons de soleil sont presque sans lumière pour moi ; j'ai eu comme toi des larmes, mais je les ai essuyées devant votre sourire à tous.

Les baisers de ton fils essuieront les tiennes. Son avenir, dont tu vas être désormais seule à t'occuper, doit te faire oublier la tristesse de tes pensées. Pour lui, tu dois trouver de la force ; pour lui tu trouveras des sourires, et tu lui offriras un bras vaillant, sur lequel il s'appuiera jusqu'au jour où il deviendra lui-même ton soutien.

Penses-tu qu'il en trouverait la pensée dans son amour filial si, au lieu d'être absolument mère, tu ne trouvais dans ton cœur que des souvenirs d'épouse, faisant de toi une créature inerte et inutile?

Allons, Pauline, relève la tête et relève ta pensée ; ne te laisse pas engourdir dans une douleur que tous respecteront, sans doute, mais qui t'amoindrirait à tes propres yeux lorsque, revenue à la raison, tu en considérerais les conséquences.

En rentrant chez toi, demande ton fils ; mets-le auprès de toi, dans ta chambre, dirige toi-même ses premiers pas et sa première éducation. — Ne l'abandonne jamais à des mains étrangères, afin qu'il ait besoin de toi, qu'il vive par toi, et t'aime naturellement. — Cette absorption complète de ton être en ton enfant calmera chaque jour un peu ta douleur ; tu oublieras que tu as pleuré pour t'associer à ses rires et à ses espérances ; et, peut-être, retrouveras-tu bientôt le bonheur, que tu croyais à jamais perdu.

Pauline releva la tête et ses regards se posérent sur ceux de grand'mère.

Que disaient-ils, ces regards ?

Je ne les voyais pas ; mais je comprenais ce qu'ils exprimaient en voyant ceux de notre vieille amie.

Celle-ci sourit, et, tendant ses bras à la jeune femme :

— Tu me pardonnes, n'est-ce pas ? demanda-t-elle.

— Je t'aime, grand'mère, répondit Pauline, en se jetant dans ses bras, ouverts pour la recevoir ; et, par toi, je te le jure, je deviendrai digne des conseils que tu viens de me donner.

— Et le bonheur reviendra dans ta demeure, mon enfant, car tu le trouveras dans l'accomplissement des plus saints des devoirs : ceux qui sont imposés à toutes les mères.

VINGT-TROISIÈME VISITE

LE DÉSIR DE PARAITRE

Grand'mère est tellement absorbée dans la lecture d'une lettre qu'elle tient à la main au moment où nous entrons dans sa chambre, que nous nous glissons sournoisement derrière son fauteuil, sans qu'elle ait l'air de s'apercevoir de notre présence.

Cependant, au pli légèrement ironique qui se dessine sur ses lèvres, il me semble que nous pouvons, sans trop d'irrévérence, nous informer du sujet de sa préoccupation.

Mais elle voit tout, cette grand'mère, par-dessous ses lunettes; et, posant la lettre sur ses genoux, elle nous regarde tour à tour.

— Vous voudriez bien savoir ce que je lisais ainsi, toute seule? demanda-t-elle. Je ne me ferai pas trop prier pour vous le dire, car cette lettre contient tout un enseignement et peut servir à bien des gens, qui n'oseraient peut-être le demander.

C'est l'histoire parisienne d'une jeune femme qui m'avait été adressée, l'an dernier, par un de mes vieux amis habitant le midi de la France.

Cette jeune femme, que nous nommerons Mme P..., était jolie et intelligente ; son éducation littéraire avait été assez soignée pour qu'elle se crût un peu supérieure aux autres femmes de son entourage. Mariée, à vingt-quatre ans, à un homme qui avait trente ans de plus qu'elle et qui lui apportait une assez grande fortune, elle s'était figuré qu'il lui suffisait de venir à Paris pour y trouver la réalisation de tous ses rêves de gloire et de célébrité.

Elle avait entendu dire, elle savait que Paris fait et consacre toutes les réputations et établit les célébrités en mettant les supériorités à leur place.

Jolie, elle pensa qu'elle deviendrait facilement une des reines de la mode ; intelligente, elle espéra briller au premier rang parmi les gens qui s'occupent des choses de l'esprit; musicienne, elle crut qu'il lui serait facile d'arriver à se faire un nom dans le monde artistique. Enfin, possédant une fortune assez grande pour la province, elle ne douta pas un instant de son prestige dans le monde parisien, qu'elle comptait attirer autour d'elle.

— Je me rappelle, en effet, dit Pierre, avoir aperçu Mme P... ici, grand'mère, le jour même où elle t'a remis la lettre qui l'introduisait auprès de toi, et j'ai été frappé de son enthousiasme, qui ne doutait de rien, et de ses espérances, qui annonçaient si peu d'expérience de la vie.

— Aussi, quelle déception a été la sienne ! reprit grand'mère avec une sorte de tristesse. Qui donc peut espérer réussir comme l'espérait Mme P...? — Oui, certes, lorsque le piédestal est assez élevé pour que celui qu'il porte attire tous les regards, c'est-à-dire lorsqu'il est formé par une fortune sans rivale ou par un talent exceptionnel, qui s'impose à l'instant même, on peut rêver quelque chose qui approche des espérances de Mme P...; mais la pauvre femme n'avait rien qui pût justifier de telles aspirations.

Dès qu'elle eut porté ses lettres de recommandation qui, j'ai lieu de le croire, ont été partout bien accueillies, elle pensa à organiser sa maison sur le pied de luxe et d'élégance qu'elle jugeait convenable à ses prétentions.

Elle fit, pour cela, venir le tapissier le plus à la mode et le plus en réputation dans le *high life*.

Celui-ci, habitué à trancher en maître et à ordonner à son gré des mobiliers riches et luxueux, qui passent

rarement jusqu'à la troisième génération, ne trouva
pas le loisir et ne se donna pas la peine de rêver pour
Mme P... autre chose que ce qu'il faisait tous les jours,
pour tout le monde, et la vaniteuse jeune femme se
trouva bientôt en possession de l'un des appartements
les plus riches, les plus somptueux, mais aussi les
plus insignifiants de Paris.

Comme elle n'avait pas encore eu le temps de se
former un goût artistique, elle acheta, comme œuvres
d'art de premier ordre, tout le brillant bric-à-brac qui
lui fut présenté comme tel, et elle se crut absolument
reine lorsque, avec une longue robe de satin, couverte
de dentelles, le cou et la tête ornés de diamants, elle
s'assit triomphalement dans son salon, attendant que
ses domestiques en livrée vinssent lui annoncer les
plus grands noms de la finance, de la noblesse et des
arts.

— J'étais à cette fameuse soirée, dit Pierre; j'y
étais allé sur tes instances, grand'mère, et je n'ai
jamais constaté plus de souffrances et plus de bles-
sures d'amour-propre que celles qu'éprouva cette
pauvre femme, en voyant l'absence de ceux qu'elle
avait espérés. — Mais qui donc, à Paris, connaissait
Mme P... et ses prétentions?

— C'est précisément ce qu'elle ne pouvait comprendre ni admettre, reprit grand'mère. Elle avait fait
quelques visites, envoyé un grand nombre d'invitations

et un nombre plus grand encore de cartes, donnant
son adresse et indiquant son jour de réception. Mais
la plupart de ceux à qui cela avait été adressé, gens
très affairés ou très recherchés, n'y avaient prêté
aucune attention, et, parmi ceux qui s'en étaient aper-
çus, il se serait volontiers trouvé de mauvais plaisants
qui lui auraient répondu, comme à M. *Choufleuri*
d'hilarante mémoire : « — Nous sommes heureux
d'apprendre que Mme P... reste chez elle, et nous l'en-
gageons à persévérer. »

Le tout Paris dont Mme P... désirait et espérait les
suffrages, celui des artistes, des gens de lettres, des
grandes fortunes et des gens à brillante renommée est,
en général, un monde très occupé; les uns par leurs
travaux, les autres par leurs plaisirs ou par leurs
affaires.

Quelques-uns cependant, les curieux et les cher-
cheurs d'aventures, se rendirent à ses invitations une
fois; mais n'y trouvant ni leur monde habituel, ni
l'imprévu qui aurait pu les captiver, ils ne revinrent
plus.

Mme P..., habituée, dans la petite ville qu'elle habitait, à ce qu'on copiât ses toilettes et ses poses, n'eut
d'imitatrices que parmi les femmes d'une situation inférieure à la sienne, et qui, à leur tour, visaient à
s'élever jusqu'à elle.

Mais ce n'était pas ce qu'elle désirait.

Elle avait entendu parler de salons parisiens, tels que ceux de Mme Récamier, de Mme de Girardin ou de Mme Roland ; et la pauvre femme se serait peut-être résignée à un avenir où elle eût entrevu au loin un échafaud, pour y trouver aussi la faculté de faire et de défaire des ministères, ou seulement des académiciens.

Nous regardions grand'mère, et nous nous demandions si tout ce qu'elle attribuait à cette pauvre Mme P... ne pouvait pas aussi bien s'appliquer à un nombre considérable de nos connaissances. — Bien entendu qu'il ne pouvait nous venir à la pensée de nous l'attribuer à nous-mêmes.

Si Mme P... avait su se borner à ce que la vie parisienne pouvait donner à sa médiocrité relative, continua-t-elle, elle eût pu se trouver heureuse ; mais cette vie-là ne réserve pas ses faveurs aux petites et mesquines vanités.

Chacun s'y fait et s'y crée la situation qui doit convenir à ses goûts, à son ambition, à sa manière d'être.

Il faut savoir choisir le milieu où l'on doit vivre, avec ses pareils, où l'on trouve les mêmes pensées, les mêmes travaux et la même éducation.

La femme oisive, dont le bonheur consiste à rechercher ses distractions dans les relations extérieures, ne doit point s'imposer à la mère de famille, qui ne trouve de jouissances que dans les travaux qui lui sont imposés par ses devoirs et par les besoins des siens. Elle ne le peut pas plus que l'ignorant ou l'incapable ne doit chercher à être le compagnon ou l'ami du travailleur savant, dont la pensée occupée supporterait impatiemment le contact.

Grand'mère releva la tête, qu'elle avait un instant baissée sur la poitrine, et nous regardant :

— J'ai parlé un peu dans le vague aujourd'hui, mes enfants, nous dit-elle; mais je deviens si vieille que je crois voir parfois dans la vie réelle ce qui n'existe que dans une imagination qui va bientôt s'éteindre. — C'est égal, que Mme P... soit une fiction ou une réalité, pensez-y quelquefois pour vous éviter les souffrances que nous donne toujours une vanité mal placée.

VINGT-QUATRIÈME VISITE

M. ET Mme ANATOLE BUQUET

Depuis si longtemps nous ne nous sommes pás trouvés réunis dans la chambre de grand'mère, que c'est presque avec hésitation que nous osons frapper à sa porte. Comment va-t-elle nous recevoir après une si longue absence?

Aujourd'hui, nous avons à lui présenter deux nouveaux débarqués de la province; deux égarés qui, ayant entendu parler des splendeurs de la vie parisienne, se sont figuré qu'ils devaient laisser la paisible existence de la campagne, pour venir se plonger dans ce gouffre dont on ne connaît jamais le fond.

Je ne sais rien de mieux, en fait de leçon, que de

présenter Anatole Buquet et sa jeune femme, dans la chambre de grand'mère.

Anatole est grand, mince, élancé, sa mine est correcte et son air distingué. Fils unique de parents cultivateurs, qui se sont enrichis en fouillant et retournant le sol, il a reçu une éducation libérale et universitaire, parce que l'on voulait faire de lui *un monsieur*, comme disent volontiers les gens de la campagne. Avec une intelligence ordinaire, il a fait ses classes, est devenu bachelier, et n'a rien fait depuis que se marier.

Élise est jolie, simple et charmante. Elle aime son mari, qu'elle regarde avec admiration, et elle est toute disposée à le suivre partout où il lui plaira d'aller planter sa tente. — Ils sont riches à la campagne, et ils croient qu'ils seront riches aussi à Paris.

Grand'mère a reçu M. et Mme Buquet avec son charme habituel; ils sont bien vite à l'aise avec elle; et ils ne se doutent pas, les malheureux, de l'immense service qu'ils nous ont rendu en attirant sur eux toute l'attention de grand'mère.

Elle a souri en nous regardant; mais elle n'a rien dit; seulement, moi qui sais ce qu'elle pense... Bah! nous l'embrasserons un peu plus fort et l'orage se fondra en quelques larmes qui humecteront ses yeux quand elle nous dira : Méchants enfants!

. . . .

Tout naturellement la conversation fut amenée sur

les projets de M. et Mme Buquet de quitter leur campagne et de venir habiter Paris.

Ils le disaient l'un et l'autre, avec un rayonnement dans les yeux qui montrait leur joie et leurs espérances.

Grand'mère les laissait parler et les regardait silencieusement comme une personne qui pense.

Lorsqu'ils eurent bien exprimé tout ce qu'ils attendaient de leur nouvelle existence, où le jeune homme allait se trouver dans un milieu plus conforme, il le croyait du moins, à son éducation, grand'mère prit à son tour la parole .

— Pourquoi, monsieur, pensez-vous à quitter la position qu'a toujours eue votre père, et pourquoi surtout voulez-vous venir habiter Paris?

Le jeune homme la regarda avec étonnement, comme s'il ne comprenait pas.

— Mais parce que, répondit-il enfin, quand on a eu une éducation comme celle que j'ai reçue, on se sent déplacé dans le milieu où j'ai passé mon enfance.

Grand'mère eut un sourire.

— En quoi, et pourquoi? demanda-t-elle.

— Chez mon père on a des habitudes, des façons de parler et d'agir qui ne peuvent aller avec les miennes.

— Cela voudrait dire alors que votre père aurait eu tort de vous donner d'autres façons d'agir et de parler que les siennes. — Mais là n'est pas l'objection que je veux vous faire. — Personne plus que moi n'est partisan des idées qui font marcher les arts, l'industrie, l'agriculture, tout ce que l'on appelle le progrès, enfin ; et je trouve bon et juste que le père qui comprend les services que peut rendre à son fils le développement de ses facultés et de son intelligence, fasse tous ses efforts pour arriver à ce résultat. — Ce que je ne comprends pas, c'est que le fils oublie que ce résultat n'est obtenu, le plus souvent, qu'au prix du sacrifice complet du père et de la mère au profit de leur enfant.

— Oh! madame, cela ne m'empêche pas d'aimer et de respecter mon père, interrompit vivement M. Buquet.

— Sans doute ; mais vous ne le regardez pas moins comme un être qui vous est inférieur.

Le jeune homme baissa la tête.

— Vous vous figurez, parce que vous avez appris un peu de latin et de grec, et que l'on vous a fait mettre des gants et un habit noir, que vous devez regarder avec dédain les travaux de la campagne, auxquels s'est toujours livré votre père. — Vous considérez, comme au-dessous de vous, la vie simple de votre première enfance, et, parce que vous êtes devenu monsieur Buquet, au lieu d'être le père Buquet, comme on appelle encore votre père, vous vous croyez autorisé à mépriser les champs qui vous ont fait vivre, et auxquels vous devez la source de cette éducation, dont vous êtes fier. — N'est-ce pas absolument ce que vous pensez?

— Pas tout à fait peut-être, madame; mais il est certain que mes études doivent me faire envisager la vie d'un autre point de vue que je ne l'eusse fait, si j'étais toujours resté enfermé dans la maison paternelle. — Entretenir les champs, cultiver la terre, s'occuper de ces soins matériels, c'est l'affaire de ceux qui n'ont pas appris autre chose, et il serait bien inutile de m'avoir fait une jeunesse studieuse, si je devais retourner à ces tristes occupations.

— Voilà justement où je vous attendais, monsieur Buquet. Je n'entreprendrai point de vous répéter tout ce qui a été dit et redit tant de fois pour rehausser la profession de cultivateur; elle n'a besoin d'être rehaussée qu'aux yeux de ceux qui ne la comprennent pas, et j'espère que vous n'êtes pas de ce nombre; je veux seulement vous faire apprécier combien est erronée votre manière de voir et d'agir en ce qui concerne votre avenir et celui de votre famille. — Vous êtes jeune et vous vous croyez riche, parce que vous disposez peut-être de dix à douze mille francs par année. Vous venez à Paris, sans profession, avec l'espérance d'y trouver une position ou une place, plus tard, quand cela vous conviendra. — Habitué à une vie large et facile, vous supporterez difficilement les privations de toute sorte que vous imposeront les exigences parisiennes. Vous aviez une large et grande habitation; vous vous renfermerez dans un appartement petit et modeste, où l'air, l'espace et la lumière vous seront mesurés. Vous aviez des domestiques, mal dressés au service de votre personne, c'est vrai; mais vous les aviez en grand nombre, et toujours disposés à vous être agréables; vous aurez un seul serviteur, dix fois plus maître que vous, qui vous fera chèrement payer son savoir-faire en vous exploitant de mille manières. — Vous étiez occupé, travailleur, utile; vous serez oisif, inutile! — Enfin, vous étiez riche et heureux; vous serez pauvre, mécontent de vous-même et malheureux!—Comparez cette existence, où vous serez perdu au milieu d'une foule, qui ne s'apercevra pas de votre présence, avec celle que vous auriez dans la ferme de votre père.

Votre jeunesse, votre instruction, votre intelligence, vous assignent dans la maison paternelle, dès le premier jour la supériorité la plus incontestée. Voilà pour le sentiment personnel et égoïste, auquel il nous est impossible, hélas! de ne pas sacrifier toujours un peu. — Vos connaissances premières, qui vous conduisent à apprécier la valeur de la science, vous donneront le désir de marcher en avant, de connaître le *pourquoi* de chaque chose dans les secrets de la nature, au milieu desquels vous voudrez solidifier votre marche progressive.

L'exploitation que vous dirigerez et qui n'a jusqu'à ce jour marché que par la routine, empruntera alors

ses ressources à une méthode éclairée, qui en dou-
blera la valeur et les produits. — Vous aurez autour
de vous des gens heureux, qui vous aimeront et qui
vous admireront parce que mieux qu'eux vous saurez
ce qu'il faut faire. Par vos conseils éclairés vous vous
rendrez utile à tous.

Votre père, votre mère, qui souffrent aujourd'hui
de votre dédain et de votre abandon, vous ouvriront
leurs bras et leur cœur comme si vous étiez l'enfant
prodigue.

Vous serez riche, heureux, considéré, aimé... Eh
bien? Tout cela ne vaut-il pas la peine qu'on y réflé-
chisse?

Hélas! j'en ai tant vu qui ont réfléchi trop tard et
qui, croyant s'élever dans l'échelle sociale ont dimi-
nué leur bien-être et leur valeur morale!

— Mais alors, reprit Anatole, tous ceux qui laissent les travaux de la campagne pour aller habiter les
grandes villes sont donc des insensés?

— Non certes, pas tous, reprit vivement grand'-
mère; il y a des distinctions à faire en toutes choses;
mais ce que je vous dis est vrai pour presque tous. —
L'amour du pays natal, l'amour du sol n'existe plus
assez chez nous; nous allons tous chercher au loin le
bonheur que nous ne savons plus trouver sous notre
toit, où il nous attend le plus souvent. — Je suis
vieille, monsieur Buquet, j'ai cru pouvoir vous parler

comme à une personne à laquelle je m'intéresse; et si
je ne vous ai pas convaincu aujourd'hui, peut-être pen-
serez-vous plus tard à ce que je viens de vous dire.—Me
promettez-vous d'y réfléchir quelquefois? dit-elle en
lui tendant la main si cordialement, que le jeune
homme la saisit avec chaleur en s'écriant :

— Oui, j'y penserai, oui, j'y réfléchirai, je vous le
promets; mais...

— Mais vous voulez faire l'épreuve vous-même,
n'est-ce pas? continua grand'mère avec bonhomie.
Monsieur Buquet, je vous donne rendez-vous ici,
l'année prochaine, à la même époque... si j'y suis
encore, ajouta-t-elle avec un sourire.

VINGT-CINQUIÈME VISITE

NE JUGEONS PAS L'HOMME A SA MINE

Il est trois heures, et la lampe est allumée sur la table du salon. Grand'mère reçoit ses visites de nouvelle année, visites peu nombreuses en dehors de sa famille, car elle a conservé tout juste assez de relations pour être assurée qu'elle n'a autour d'elle que des amis.

— Quand on est jeune, on peut éparpiller sa vie, nous dit-elle; mais quand les heures nous sont comptées, quand nous pouvons déjà prévoir le moment où il nous faudra partir, à quoi bon gaspiller en vains compliments, en protestations douteuses, le temps si court qui nous reste à vivre?

Cependant, plusieurs personnes, de véritables types, qui nous paraissent étranges, se succèdent rapidement devant mes yeux, et les jeunes filles, toujours rieuses et un peu moqueuses, même quand elles ne sont pas méchantes, laissent échapper quelques railleries qui, bien qu'articulées à demi-voix, ne passent point inaperçues dans le petit salon, où il semble que chaque coin ait un téléphone particulier, à l'usage de la maîtresse de céans.

Voici d'abord Mme D..., une amie d'enfance de grand'mère. Ce titre-là, son âge ensuite, la mettent à l'abri de toute remarque malicieuse ; mais Mme D... est accompagnée par sa bru, jeune femme nouvellement mariée, et plus nouvellement encore Parisienne. Elle arrive d'une petite ville de province, où la haute position de fortune de sa famille en faisait un point de mire à l'admiration et aussi à l'envie générale de toutes les femmes de sa connaissance ; et elle se figure qu'elle va continuer à jouer ce rôle à Paris.

De là, une mise excentrique et d'un faux goût, des airs de tête qui semblent réclamer l'admiration comme chose due, et des airs étonnés de ne pas l'obtenir. — Elle nous parle avec volubilité et enthousiasme des deux voitures que possédait la remise paternelle, des réceptions de M. le préfet et de M. le général du chef-lieu de son département, où elle était toujours invitée la première, comme la reine de toutes les fêtes ; des jalousies des demoiselles de son pays, moins riches qu'elle et que, tout naturellement, elle regardait avec dédain par-dessus l'épaule.

— Je faisais venir toutes mes toilettes de Paris, ajouta-t-elle, il était donc bien naturel que je fusse plus belle et mieux habillée que ces dames, qui n'avaient, pour les costumer que les couturières de la ville, à peine au courant des modes de l'année passée.

Et, oubliant qu'en ce moment elle se trouvait dans un salon de Paris, la jeune femme promena autour d'elle des yeux à l'expression dédaigneuse, à laquelle elle s'était maladroitement habituée.

Dès qu'elle fut partie, un regard de grand'mère arrêta le sourire éclos sur nos lèvres.

— Il n'y a là, mes chères enfants, nous dit-elle, qu'un vice d'éducation et non un vice du cœur. — Quel est celui d'entre nous qui, toujours encensé, toujours mis sur un piédestal, n'en est pas enorgueilli et ne cherche pas à faire supporter aux autres le poids d'une supériorité dont il se croit investi ? Laissez faire, avant qu'il soit longtemps, cette pauvre Camille sera débarrassée de ces prétentions qui la rendent en ce moment si ridicule. — Elle n'est pas sotte, et quand elle se trouvera en présence de femmes cent fois plus belles et plus élégantes qu'elle ne l'est elle-même, quand elle entendra des conversations où la

science, l'art et l'intelligence brilleront d'un éclat
qu'elle ne connaît pas, soyez certaines qu'elle rentrera
bien vite en elle toute sa sotte vanité, dont elle sentira,
plus que personne, tout le ridicule.

Grand'mère s'était si bien pénétrée de son sujet,
auquel elle donnait toute son attention, qu'elle ne
s'était pas aperçue de l'entrée d'un nouveau visiteur,
qui s'était modestement assis à quelques pas d'elle.

— Comment, vous étiez là, mon cher Horron, et
vous ne me prévenez pas de votre présence?

— J'attendais, et je vous écoutais, reprit le nouveau
venu, dont le costume un peu étriqué et les souliers
marqués de boue, nous semblaient être l'indice d'une
position tout au moins modeste.

Le brave homme s'était mis un peu loin du feu,
comme si ce luxe et ce bien-être n'étaient pas faits
pour lui. — Bientôt cependant, animé lui-même
par l'esprit de grand'mère qui, sachant en donner à
ceux qui n'en avaient pas, avait à bien plus forte raison
le don de réveiller celui qui ne faisait que sommeiller,
M. Horron, que nous avions pris pour un pauvre
homme, oublia sa mise étriquée et ses chaussures aux
semelles souillées; il ne pensa plus à laisser à d'autres
une place qui lui appartenait mieux qu'à personne;
et, pendant plus d'un quart d'heure, il nous tint sous
le charme de sa parole éloquente et animée, tandis
que les yeux de grand'mère, pétillants de plaisir,

semblaient nous dire : Il faut attendre avant de juger !

— Je le veux bien, dit Paul, un grand polytechnicien de vingt-deux ans, qui avait écouté avec une sorte d'enthousiasme, le visiteur qui venait de nous quitter ; mais pourquoi diable ce monsieur, qui est si savant et si aimable, ne pense-t-il pas aussi qu'il faut des dehors séduisants et... un peu conquérants même, ajouta-t-il en regardant avec plaisir son bel uniforme, s'il veut se faire juger convenablement avant d'avoir ouvert la bouche ? — Je ne lui pardonnerai ce travers que si j'apprends qu'il est trop pauvre pour s'habiller comme tout le monde.

— Je le crois presque riche, au contraire, répondit grand'mère.

— Alors, c'est un avare, et cela détruit toute la sympathie que j'étais disposé à ressentir pour lui, dit Paul.

— Chut ! reprit grand'mère, qui mit un doigt sur sa bouche, en voyant poindre, à l'horizon que nous faisait la porte entr'ouverte, un vieux ménage de sa connaissance, auquel elle tendit les mains, avec toute l'effusion d'une ancienne et sincère affection.

Le mari et la femme avaient, l'un et l'autre, toutes les allures de personnes habituées à une vie luxueuse et facile. On devinait, en les regardant et en les écoutant, que jamais aucune entrave ne s'était rencontrée sur leur route pour les arrêter dans la satisfaction de leurs goûts ou de leurs fantaisies.

— Et que devient Maxime? Vous ne m'en parlez pas, dit grand'mère, après quelques instants de conversation, pendant laquelle elle avait semblé hésiter à leur adresser cette question.

— Oh! Maxime est complètement hors d'affaires maintenant, répondit M. Halo. — Nous avons été bien malheureux pendant quelques jours, ma chère amie : la ruine qui menaçait notre fils, et que nous ne pouvions conjurer, nous a donné, à ma femme et à moi, plus d'une nuit sans sommeil. — Qu'y pouvions-nous faire? Ce n'est pas à notre âge que l'on peut renoncer aux habitudes de bien-être que l'on a contractées dans sa jeunesse; ma femme, à soixante ans, ne peut songer à aller à pied ou en omnibus, elle ne peut pas être même sa femme de chambre, et moi, malgré la simplicité et la modestie de mes goûts, je ne pouvais me réduire à la mendicité pour remédier aux folies du ménage de ce pauvre Maxime.

— Mais, si Maxime est un peu prodigue et dissipateur, n'est-ce pas presque votre faute, chers amis, dit grand'mère, avec un sourire qui atténuait la rudesse du reproche; vous lui avez toujours fait la vie si facile, qu'il s'est habitué à croire qu'on n'y devait cueillir que des fleurs.

— Cela est un peu vrai, ma chère amie ; nous nous

sommes habitués à ne nous priver en rien de ce qui rend la vie agréable et joyeuse, et Maxime a fait comme nous! — Malheureusement cela n'a pas aussi bien tourné pour lui, et sans ce diable de Horron qui, on ne sait comment, a toujours quelques ressources par devers lui pour tirer ses amis d'embarras, je crois bien que Maxime aurait perdu sa position et peut-être l'avenir de toute sa famille. — Ce pauvre Horron! là, franchement, c'est un excellent homme, et s'il n'avait le travers d'aller toujours à pied, de n'avoir pas une maison brillamment montée, comme je crois que sa fortune pourrait le lui permettre, si...

— Oui, il porte des habits étriqués et ses chaussures sont légèrement crottées, dit grand'mère, en regardant Paul qui se mordait les lèvres; mais que voulez-vous, mes amis, chacun a sa manie et sa façon d'être dans ce monde. L'un habitue sa personne à toutes les sensualités et à tous les bien-êtres; il ne sait se passer de rien, et il est généreux dans toutes ses actions, parce qu'il rapporte tout à lui-même.

L'autre, au contraire, sait supporter les privations et même quelquefois les souffrances, il vit plus par les sensations intimes que par les jouissances du bien-être extérieur, et sa générosité, qui ne s'épanche pas à flots sur lui-même, est quelquefois mise en doute, même par ses amis qu'il sauve souvent du danger.

Qu'arrive-t-il dans ce cas-là? Il en résulte ce que

nous pouvons appeler un équilibre social. — Le premier a toujours besoin du second qui, à son tour, est toujours heureux, lorsque arrive le moment de son utilité. Mais, dans cet équilibre, auquel êtes-vous disposés à attribuer le plus beau rôle?...

En ce moment, Mariette, qui ouvrait la porte pour annoncer que le dîner était servi, mit brusquement fin à nos réflexions sur les visiteurs de grand'mère.

VINGT-SIXIÈME VISITE

COMMENT ON DOIT FAIRE LE BIEN

Où irions-nous, par ce temps si triste, si sombre, si décourageant par les pensées énervantes qu'il amène, si nous n'allions auprès de grand'mère?

Dans sa chambre bien close, on entend souffler la bise; mais l'on n'en est attristé que pour la misère qui souffre dehors. Savez-vous ce que l'on fait, en ce moment, dans la chambre de grand'mère? On s'occupe, non de ces misères hideuses et éhontées qui se montrent au grand jour et qui cherchent à attirer les regards et à surprendre la compassion et l'aumône; non de ceux qui sont connus de tous et à qui chacun porte son offrande, parce qu'elle est appelée par la réclame, et que l'on *saura* que vous avez apporté aussi la vôtre.

Dans la chambre de grand'mère, chacun apporte directement, sans bruit, le résultat de démarches incessantes, faites par chacune de nous, pour soulager les vraies misères et les vrais désespoirs. Ici, on a découvert que cette jeune mère, dont le bébé est chaudement enveloppé dans une pelisse ouatée, qui recouvre un chaud jupon et de bons bas de laine, s'est dépouillée pour son enfant, et n'a gardé pour elle qu'un mince jupon, qui ne la garantit pas contre le froid, ou en se privant d'une partie de la nourriture qui lui serait nécessaire. Là, c'est un pauvre étudiant, venu à Paris contre vents et marées pour apprendre la science qui le rendra utile un jour. Il travaille sans feu, dans une chambre sous les toits, et il lui faut être convenablement habillé pour suivre les cours et les études ; et, malgré lui, il doit, également, sacrifier tout aux actions que la malignité examine. Il y a des jeunes filles aussi, pauvres ouvrières quelquefois sans travail, quand la saison est dure. Elles veulent rester honnêtes, et elles déjeunent avec un peu de pain, quand elles en ont, attendant que la bise ne souffle plus, et rêvant, avec une imagination de vingt ans, tous les trésors que donne la fortune.

Pas un de nous, en ce moment, n'est admis dans la chambre de grand'mère sans payer son tribut par une découverte de ce genre et sans trouver un moyen pour apporter le remède au mal ou à la misère signalés.

Grand'mère ne va point aux fêtes de l'Hippodrome porter avec fracas trente francs pour avoir place dans une loge ; elle n'envoie point bruyamment porter son aumône aux journaux, afin que son nom paraisse sur la liste de ceux qui donnent ; elle ne fait point parade de charités à grande réclame, elle ne se pose pas en bienfaitrice de l'humanité, et sa charité est assez bien cachée pour que de sots calomniateurs la traitent d'avare.

Nous, qui la connaissons et qui l'aimons, nous agissons sous ses auspices ; et, sans que nul s'en doute ou en recherche l'origine, nous arrivons à soulager les misères morales ou physiques que nous avons découvertes. La jeune mère, qui s'oubliait pour son enfant, reçut, sans que jamais sa fierté ou sa délicatesse en puissent être blessées, un vêtement chaud avec lequel elle affrontera toutes les rigueurs de l'hiver.

L'étudiant, un matin, trouva à sa porte une bonne charge de bois, qui lui montre en imagination une flamme si pétillante, qu'il ne peut résister au désir de savoir s'il a rêvé juste, et ses doigts dégourdis ne tardent pas à le rendre reconnaissant pour le bienfaiteur inconnu dont il se décide à accepter les dons, en se promettant de les rendre plus tard à un autre.

Et la jeune fille, qui aimerait mieux mourir plutôt

que devoir son bien-être à autre chose qu'à son travail, reçoit une lettre et une adresse où elle trouvera l'ouvrage nécessaire pour se procurer le pain du lendemain.

Hier, nous venions tous rendre- compte à grand'mère du résultat satisfaisant que nous avions obtenu dans nos dernières démarches ; et, suivant son usage, elle assaisonnait tous nos racontars de récits ou de réflexions, que nous aimons toujours à entendre. Il y a tant de manières de pratiquer la charité, nous disait-elle, que je ne puis résister au plaisir de vous raconter le trait si simple dont j'ai été témoin hier ; car malgré le froid, je suis sortie, moi aussi, pour faire comme vous tous, et pour ne pas m'engourdir dans mon égoïsme. Il faisait une splendide journée de janvier, celle où le soleil, tout fier de nous montrer qu'il brille encore, est pour nous un bienfait autant qu'une joie. La course que je voulais faire était un peu longue, je montai dans un tramway dont je ne dédaigne pas l'usage, et je m'assis en face d'un vieillard pauvre, qui semblait ne pouvoir rien donner, et à qui personne n'eût jamais osé rien demander.

Auprès du vieillard était assise une femme, une de ces personnes indifférentes, qui pensent au promis qu'elles ont laissé au village, ou à la tasse de café au lait qu'elles prendront le lendemain matin.

Sur les genoux de la femme était un enfant, charmant bébé aux joues roses, endormi, sans souci des péripéties de son existence passée ou à venir. Tout à coup, un rayon de soleil, chaud et ardent, passant au travers de la vitre, vint donner en plein sur le visage de l'enfant.

Celui-ci se frottait les yeux, devenait rouge et brûlant, sans cesser de dormir, et la femme ne semblait s'apercevoir de rien. Mais le vieillard s'en aperçut, lui! Il avait peut-être, au logis, des petits enfants qui pleuraient et qu'il ne pouvait consoler. Tout simplement, il mit son bras au-devant de la tête du petit, entre elle et le rayon du soleil; il fit une ombre et il resta ainsi longtemps, une demi-heure peut-être, fatigué, lassé, mais heureux, car il regardait avec amour la petite tête qu'il avait préservée, et à laquelle il avait peut-être sauvé la vie.

Est-ce que vous croyez que ce n'est pas là la vraie charité? nous demanda grand'mère.

VINGT-SEPTIÈME VISITE

LE TRAVAIL PROCURE PLUS DE BONHEUR QUE L'OISIVETÉ

Vous savez, mes enfants, que nous devons traiter aujourd'hui une question grave, nous dit grand'mère lorsque nous eûmes pris place autour d'elle. Votre cousine Élisabeth, que vous plaignez toutes, je m'en aperçois, se trouve obligée, par la position nouvelle de sa famille, d'utiliser les quelques connaissances acquises dans sa jeunesse, et dont elle croyait n'avoir jamais besoin d'une façon effective et pratique.

— Pauvre Élisabeth! murmura Lucie.

Grand'mère feignit de ne pas entendre l'exclamation, mais elle se hâta de continuer.

— Ce que vous considérez comme un malheur, mes chères filles, ne me paraît pas en être un en réalité. Pour moi, le travail étant la source de tous les bonheurs, je ne puis plaindre celle qui est obligée d'aller travailler. Seulement, il ne suffit pas qu'avec mes yeux, qui regardent à travers des lunettes, je voie pour moi toute seule ; il faut aussi que ces yeux soient pour vous une lumière.

Ici, une petite voix, partie d'un coin obscur de la chambre, se fit tout à coup entendre :

— O grand'mère ! tu sais bien que l'on voit mieux avec de bons yeux, puisqu'alors on se passe de lunettes !...

Un éclat de rire général accueillit cette sortie de Gabrielle, l'enfant gâtée, et grand'mère elle-même lui répondit en riant :

— Alors, mon enfant, tu te crois donc plus clairvoyante que moi ?

Cette fois, Gabrielle comprit, et elle se retira toute confuse dans le coin d'où elle était sortie.

— Voyons, continua grand'mère, pour arriver à vous faire comprendre à tous que le travailleur est mille fois plus heureux que l'homme qui s'amuse ou use sa vie à ne rien faire, nous allons prendre deux exemples parmi les personnes que vous connaissez. — Veux-tu bien être une de ces personnes ? continua grand'mère en s'adressant à Lucie.

— O grand'mère, pas pour mé donner en exemple comme l'une des plus heureuses personnes de la terre! soupira vivement la jeune femme.

— Tu viens, toi-même, d'assigner la place que tu dois occuper, ma fille, et je ne te contrarierai pas en démentant tes paroles.

Lucie, puisque c'est d'elle dont nous parlons, a toujours été classée parmi celles que l'on peut croire les plus heureuses et les plus privilégiées. Elle est née au milieu d'une famille riche; elle a été entourée de toutes les jouissances et de tous les plaisirs que peut donner la fortune. On lui a enseigné, presqu'en l'amusant, les arts indispensables à une femme du monde qui veut y briller et y être reine. Lucie a épousé, à vingt ans, un homme riche comme elle et peut-être, comme elle, blasé déjà sur ces plaisirs du monde qu'ils n'ont achetés par aucun sacrifice. Leur vie s'est écoulée facile et douce aux yeux de tous; mais l'ennui, l'implacable ennemi des gens désœuvrés, s'est assis à leur chevet et à leur table, car la pauvre Lucie n'a même pas eu les soins et les travaux d'une mère : ces soins qui sont un si grand stimulant de la vie.

Lucie a trente ans à peine; elle a tout ce que le monde admire. et envie : beauté, fortune, esprit, jeunesse... Elle n'a aucune tristesse dans le passé et presque aucune crainte pour l'avenir, et cependant...

— O grand'mère, grand'mère, que de vérités et

de leçons dans les quelques mots que tu viens de prononcer ! s'écria Lucie en fondant en larmes. Oh ! pourquoi ne suis-je pas née pauvre, malheureuse, mais avec cette joie du cœur que je vois briller dans les yeux des autres et qui, je le sens bien, ne sera jamais mon partage, à moi dont tous envient le sort et la fortune !

La voix et le geste de Lucie étaient empreints d'une telle sincérité que nous tous, qui la regardions quelques instants auparavant comme inaccessible à toute émotion triste, nous sentîmes notre cœur rempli de pitié pour cette *heureuse* selon le monde.

Elle comprit bien vite que cette action lui enlevait la dignité qu'en temps ordinaire elle tenait éminemment à conserver : elle essuya vivement ses larmes et reprit, à demi honteuse, le fauteuil qu'elle avait presque inconsciemment abandonné sous la spontanéité de son élan.

Grand'mère n'eut pas l'air de s'en apercevoir et continua son récit :

— Rien ne fait ressortir une vérité comme un contraste, ajouta-t-elle, et je vous apporte celui donné ici par une jeune fille, que tous vous avez connue, autrefois, dans cette même demeure.

Elle avait nom Julie Davert. Son père était un ancien fonctionnaire retraité, sans fortune ; mais, en homme sage, il avait fait donner à sa fille une éducation sérieuse, devant la mettre à même de subvenir plus tard aux besoins de son existence et l'aider à lutter vigoureusement dans l'incessant combat de la vie. Julie a su comprendre les idées de son père; elle a étudié le dessin et la peinture avec l'ardeur que donnent la conviction et le désir de la réussite. De longues années se sont passées avant que la pauvre fille ait conquis assez de talent pour pouvoir se faire une ressource de son pinceau. Mais un jour est venu où elle a été comprise et appréciée. Elle n'a pas un de ces noms célèbres qui s'imposent, et peut-être ne le conquerra-t-elle jamais; mais les portraits peints par elle ont un charme et une poésie que les femmes seules savent donner aux physionomies féminines. On l'aime, on la recherche et elle a souvent plus de travail qu'il ne lui est possible d'en faire.

Son père et sa mère sont aujourd'hui vieux et incapables de vivre sans le secours de leur fille, qui a su leur faire l'existence large et heureuse. Julie ne connaît pas l'ennui : comment l'atteindrait-il? Elle n'a aucun regret : où le prendrait-elle? Elle connaît, au contraire, le bonheur qu'elle puise chaque jour dans son travail et dans les satisfactions complètes qu'il lui donne.

— Elle accepte donc avec joie la perspective de rester vieille fille et de vivre et mourir seule? demanda étourdiment Gabrielle.

Grand'mère paraissait s'attendre à cette question car ses yeux se tournèrent vers un des coins de la chambre, où quelques habits noirs semblaient s'être mis à dessein dans l'ombre, et elle répondit en toussant, comme c'était sa coutume quand elle était un peu malicieuse.

— Je crois que tu peux être absolument tranquille à cet égard, ma chère Gabrielle, et, si je n'ai reçu encore aucune confidence j'ai deviné que tous les artistes ne sont pas toujours jaloux entre eux; et Julie, qui n'abandonnera jamais ses parents tant qu'ils, vivront est assurée de trouver, plus tard, un ami et un protecteur, dont l'attente patiente et dévouée ne lui manquera pas, j'en suis certaine.

Un léger mouvement et un léger chuchotement se firent dans le coin sombre où étaient les habits noirs; mais la cause n'en put parvenir jusqu'à nous.

D'ailleurs, nous étions trop sous le charme des paroles de grand'mère, qui continua en guise de péroraison :

— Je n'ai rien à vous dire sur ce sujet, mes chers enfants. J'espère vous avoir convaincus, même Elisabeth, qui est la cause première de notre petit discours.

La jeune femme se leva avec élan et se dirigea vers grand'mère.

— Oui, tu m'as convaincue et presque redonné la

joie et la tranquillité, reprit-elle, et le modeste talent de pianiste, que je n'avais acquis que pour le monde, va être, dès demain, utilisé par moi au profit de mes deux enfants. Comme les parents de Julie, ils me devront le bonheur et le bien-être de leur existence, et comme elle...

Grand'mère ne la laissa pas achever.

— Plus qu'elle encore, ma fille, tu auras droit de lever la tête et de te dire heureuse, car tu auras rompu avec les préjugés dans lesquels on a bercé ton enfance, et tes enfants te devront non seulement leur existence matérielle, mais une éducation large et intelligente qui les rendra capables, à leur tour, de lutter victorieusement dans le combat de la vie.

Grand'mère baissa mélancoliquement la tête. Contre son ordinaire, on eût dit qu'une pensée triste l'envahissait.

— Je ne puis plus entrer dans la lice, où se trouve notre place à tous, dit-elle enfin en rentrant en possession d'elle-même, mais je connais les armes qui conduisent au succès dans la lutte, et ceux qui sauront s'en saisir et les manier habilement se souviendront, en arrivant au but avec une conscience heureuse et tranquille, qu'ils ont écouté et un peu suivi les leçons de grand'mère.

VINGT-HUITIÈME VISITE

LA MOQUERIE EST UN VILAIN DÉFAUT

Sais-tu que Valentine est malade, grand'mère? demanda Gabrielle en entrant, comme une enfant gâtée qu'elle est toujours.

— Chut! dit grand'mère, en mettant un doigt sur sa bouche; Valentine est peut-être là, parmi les dernières arrivées; n'aie pas l'air de t'apercevoir de sa souffrance.

Gabrielle s'assit, sans répliquer, et promena ses regards sur la foule des visiteurs, très nombreux ce jour-là. — Que va nous dire grand'mère, aujourd'hui?

Son regard, ordinairement gai, a pris une de ces

teintes de tristesse qui annoncent presque toujours qu'elle a une leçon sérieuse à donner à quelqu'un d'entre nous.

— Je ne nommerai personne cette fois, mes enfants, dit grand'mère, et je désire-même que celle, d'entre vous à qui je vais m'adresser particulièrement ne se fasse pas connaître, puisque je n'ai que des, reproches à lui adresser.

— Eh bien, ce sera moi qui te donnerai la réplique, pour la repentante, car certainement elle doit l'être, s'écria Ernest avec son entrain de bon garçon, toujours prêt à défendre tous les coupables.

— Vous ne vous connaissez pas tous intimement, reprit grand'mère, il y a, dans la plupart de vos existences, des faits inconnus du plus grand nombre, et, je désire être la seule confidente des conséquences, quelquefois tristes, de fautes dont les coupables, j'en suis certaine, sont profondément repentants.

Je vais donc parler comme si je racontais une histoire :

Une jeune fille, presque sans fortune, habituée malgré cela, par une éducation que j'appellerai mal entendue, à tout le bien-être, à toutes les jouissances du luxe, avait rencontré sur sa route un homme riche, bon, aimable, plus âgé qu'elle ; mais remplissant, par cela même, les meilleures conditions pour bien diriger une jeune tête, à qui la vie n'avait pas encore donné les dures leçons de l'expérience.

Cet homme, excellent jusqu'à la naïveté, ne pouvait douter de la bonté des autres ; le joli visage de notre amie, son élégance naturelle, son esprit, plutôt obtenu par l'usage du monde que par l'étude ; tout cela séduisait ce vieux garçon de trente-huit ans, qui voyait dans un mariage avec une femme aimée, la réalisation des rêves de toute sa vie. Il ne lui fut point difficile d'être agréé par la mère de celle qu'il désirait, et ensuite par la jeune fille elle-même. C'était un horizon brillant qui s'ouvrait devant la sombre existence des deux femmes.

Chaque jour, l'heureux fiancé s'attachait davantage à celle qu'il avait choisie pour être la compagne de sa vie, et chaque jour aussi, elle découvrait en lui une qualité aimable, une promesse de bonheur de plus, dans la nouvelle existence qui s'ouvrait devant ses aspirations. Une seule chose semblait parfois inquiéter le futur mari et faisait plisser son front, devenu rêveur.

Celle qu'il appelait son idole avait une telle disposition à la raillerie qu'elle eût tout sacrifié, même son bonheur, je crois, au plaisir de lancer un trait moqueur.

— Oh ! votre monsieur, grand'mère, était aussi par trop sévère et difficile ! s'écria Ernest en riant, car, parmi les jeunes femmes de ma connaissance, je n'en

connais pas de plus aimables et de plus amusantes
que celles qui savent, par un trait brillant et légèrement moqueur, égayer les conversations par trop
sérieuses de certains salons.

— Passe pour un trait brillant et légèrement moqueur, dit grand'mère en souriant à son tour, à la
condition qu'il ne blesse personne, et que la raillerie
ne frappe pas quelqu'un de déterminé, mais un vice
ou un travers de l'humanité ; mais tel n'était point,
malheureusement, le caractère de la moquerie de
notre jeune amie ; elle était mordante, incisive, et
n'avait atteint son but que si la blessure était cruellement sentie.

— Oh ! alors, je n'ose en défendre l'auteur, reprit
vivement Ernest, en évitant de tourner ses regards
vers le groupe compact que nous formions à quelques
pas de grand'mère.

— Le fiancé de Mlle X... avait auprès de lui,
comme ami et commensal, un vieux professeur, resté
pauvre, au dur métier qu'il avait exercé toute sa vie ;
mais qui se consolait, auprès de son ancien élève, des
déboires et des soucis de son existence. M. Létiquette
avait soixante-huit ans, sa taille était courbée et sa
tête chauve ; mais son regard, plein de bienveillance
et de bonté, inspirait une affection sincère à tous ceux
qui voulaient prendre la peine de se rapprocher de lui
et de le connaître.

Ce fut sur ce malheureux que s'acharnèrent les railleries de la jeune fiancée. Il avait pris l'habitude de venir souvent avec son ami visiter celle qui allait devenir un peu l'arbitre de sa vie. Le pauvre homme le comprenait, et il s'était fait, malgré lui peut-être et, à coup sûr, sans s'en apercevoir, petit et humble devant la moqueuse jeune fille.

Cela seul eût dû la désarmer peut-être ; mais l'insensée ne voyait dans cette humilité qu'un motif de plus à exercer son esprit méchant sur le vieux professeur.

Le futur, aveuglé peut-être par l'affection qu'il éprouvait pour celle qu'il avait choisie, ne s'apercevait pas ou feignait de ne pas s'apercevoir de cette continuelle escarmouche.

Espérait-il qu'elle cesserait, ou voulait-il, pour la juger, voir jusqu'où la moqueuse pousserait les choses ?

— Certes, je n'aurais pas attendu si longtemps, dit Ernest, et, quelque affection que j'eusse eue pour une femme, je sens que j'aurais été révolté et éloigné par ce manque de cœur.

— C'est précisément ce qui devait arriver, poursuivit grand'mère.

Un soir que plusieurs personnes étaient réunies chez la mère de notre malheureuse amie, après la musique, les monologues, la conversation, on fut amené à jouer à quelques petits jeux, où chacun cherche à faire briller son esprit, trop souvent hélas ! aux dépens des autres.

Parmi les jeux choisis se trouvait celui des portraits où l'on dépeint une personne ou un objet, en lui donnant des attributs qui aident à le faire deviner.

Lorsque vint le tour de Mlle X... elle jeta un malin regard du côté du pauvre professeur, au crâne dénudé, et elle dit nonchalamment, comme ne pensant à rien : « Pour moi, *l'étiquette* du ridicule est une tête chauve sur un dos que ne redressent ni l'élégance ni la jeunesse. »

Cette phrase était à peine prononcée, que tous les regards s'étaient involontairement tournés vers le malheureux, ainsi désigné ; et, disons-le à l'honneur de tous, ces regards étaient plutôt remplis de sympathie que de raillerie.

Cette saillie mit fin à la soirée.

Comme les autres, le futur mari de la jeune hôtesse prit congé de la mère et de la fille ; mais son regard était froid, et quelque chose de profondément triste émanait de toute sa personne, au moment où il se sépara de sa fiancée.

Elle, ne semblait pas s'en apercevoir. Un sourire radieux errait sur ses lèvres, et sa voix semblait prête à continuer la raillerie cruelle qu'elle croyait avoir seulement ébauchée.

Mais le réveil fut triste le lendemain!...

— Sacrebleu! s'écria Ernest avec une véhémence dont on ne l'aurait pas cru capable, je crois que je l'aurais étranglée, cette belle demoiselle!

— La punition est peut-être plus rude, reprit grand'mère; car la pauvre enfant, de ce fait, a perdu mari, position, fortune, avenir; tout ce qu'elle avait rêvé et qui devait faire la vie heureuse pour elle et pour sa mère. On n'épouse pas une femme sans cœur, lorsqu'on la connaît, et notre jeune amie, si elle veut m'en croire, montrera un repentir sincère et fera d'elle-même, sans que personne le lui impose, ses excuses au vieux professeur. Peut-être n'attend-il que cela pour lui pardonner.

— Si je la juge bien, elle ne les fera jamais, dit Ernest, même quand le monde entier devrait ignorer sa démarche.

En ce moment, il se fit un léger mouvement parmi le groupe de jeunes filles, assises auprès de l'une des porte-fenêtres.

L'une d'elles venait de se lever, droite et raide.

Son œil était brillant et son visage baigné de larmes.

C'était Valentine!...

Sans s'occuper de celles qui l'entouraient, sans faire un mouvement pour regarder en arrière, elle s'avança vers grand'mère, auprès de laquelle Ernest se tenait assis.

— Vous vous trompez, monsieur, lui dit-elle avec un air qui annonçait une résolution que rien ne pouvait ébranler; cette femme sans cœur, dont vous parliez tout à l'heure, a compris tout à coup, par vos paroles et par celles de grand'mère, quel rôle méchant elle a joué jusqu'à ce jour, non seulement auprès du pauvre professeur, mais aussi auprès de tous ceux dont elle se disait l'amie; et... dis-moi grand' mère, où peut-elle s'adresser celle qui se repent, et qui est prête à réparer par des excuses sincères, le mal qu'elle a pu faire à l'homme loyal et bon qu'elle a si gravement offensé?

— Tu sais bien que je devine tous les dénouements, dit grand'mère qui avait des yeux où brillait une larme; et moi aussi je joue au jeu des *étiquettes.* Ouvre la porte de ma chambre, ma fille, je crois que tu en trouveras une qui rendra peut-être la paix à ton cœur meurtri.

Valentine se précipita au cou de grand'mère, ouvrit la porte, et le son de deux voix émues, l'une par le repentir, l'autre par le pardon généreux qu'elle accordait nous apprit bientôt que Valentine avait tenu sa promesse.

Sera-t-elle corrigée pour toujours?

C'est une science que son ex-fiancé, M. X...., tient à acquérir complètement avant de renouer les projets qu'il a rompus.

Mais qu'il se presse, car Ernest, moins sceptique que lui, après avoir vu l'action spontanée de Valentine, pourrait bien... lui couper l'herbe sous le pied.

VINGT-NEUVIÈME VISITE

QUE LA MÈRE ÉLÈVE ELLE-MÊME SES ENFANTS

Le cercle formé autour de la cheminée semble s'être agrandi aujourd'hui, et quelques visages un peu plus étrangers se montrent par-ci par-là, et donnent un peu à la chambre de grand'mère l'aspect d'un salon mondain, un jour de réception.

Cela me gênerait, si j'étais grand'mère; mais elle, avec son air si bon, ne semble jamais gênée; elle a partout et toujours ses coudées franches, comme une personne qui sait se mettre au-dessus des idées étroites et des préjugés qui dominent si bien le reste du monde.

O grand'mère! Votre aspect seul, vos actions, votre

conduite sont sans cesse un enseignement, qui pourrait presque vous dispenser de nous donner vos conseils par la parole.

Qui donc, aujourd'hui, va venir mettre sa sagesse à l'épreuve ?

Personne n'osait se mettre en avant, tant était intimidant cette fois l'entourage de grand'mère.

Mais je l'ai vue jeter un rapide coup d'œil du côté où Emmeline, dissimulée derrière une draperie, semble absorbée dans la tristesse de ses pensées, et je comprends bien vite que là est la confidence, que grand'mère a peut-être devinée, et que, là aussi, va se trouver la leçon qui nous est destinée à toutes.

Qu'a donc pu faire notre amie pour qu'un nuage, en passant sur elle, vienne obscurcir notre ciel comme il assombrit le sien en cet instant ? Nul que moi ne le devinera peut-être, car grand'mère, avec sa délicatesse accoutumée, ne se tourne point vers Emmeline et semble ne s'adresser à personne.

— « Nous n'avons point aujourd'hui la jeunesse ordinaire de nos réunions, nous dit grand'mère en promenant autour d'elle un regard un peu inquisiteur, et je veux en profiter, pendant que nous sommes entre gens sages et expérimentés, pour vous communiquer quelques idées qui seront peut-être utiles à celles d'entre vous qui ont des fils à élever ou à diriger.

— Oh! les fils à diriger, cela regarde les pères! s'écria une jeune voix rieuse.

L'interlocutrice n'était pas de notre monde ordinaire, cela se voyait; autrement elle n'aurait peut-être pas osé poser son argument en axiome.

— Sans doute, cela regarde les pères, reprit grand'mère; mais croyez-vous, chère madame, que cela ne nous regarde pas un peu aussi? Pensez-vous qu'il n'y ait rien de la mère et de son influence dans la manière dont un homme se conduit dans la vie? — Avez-vous compris qu'il ne fait pas un pas, n'a pas une pensée qui ne soient, présque toujours, le résultat de l'éducation qu'il a reçue au milieu de la famille? Et cette éducation, à qui donc la doit-il, le plus souvent?

Comme personne ne répondait, pas même la jeune interlocutrice qui avait interrompu grand'mère, celle-ci continua avec son entrain ordinaire :

— Vous pensez bien, mes chers enfants, que les réflexions que je vous communique ne sont jamais nées d'elles-mêmes et sans cause dans ma pensée; elles sont toujours le résultat d'observations très étudiées afin qu'elles puissent vous servir de guide dans toutes les circonstances où vous voulez bien me faire l'honneur d'écouter un peu mes avis. — Eh bien, voici une petite histoire, toute récente, qui vous prouvera l'influence de la mère sur l'éducation de ses fils.

« Deux jeunes femmes de mes amies (peut-être ne sauront-elles ni l'une ni l'autre ce que je vous raconte aujourd'hui), avaient chacune un fils, à peu près du même âge, mais qui furent élevés d'une façon bien différente, quoique les deux amies appartinssent au même monde. L'une d'elles, dont le mari avait une assez haute position financière pour lui permettre de satisfaire ses fantaisies et ses caprices, ne vit bientôt, dans la vie, qu'un long jour de plaisir, et elle abandonna à une direction étrangère, non seulement les soins de sa maison et de son intérieur, mais, ce qui était plus grave encore, la direction de l'éducation de son fils. L'enfant grandit ainsi, presque sans affection et surtout sans ce respect dû à la mère qui, par son dévouement de tous les instants, sait se faire aimer et vénérer par ceux qui lui doivent, plus encore que la vie, le développement de leur cœur et de leur intelligence.

Voir sa mère, de loin, en toilette de bal, parée de diamants et de dentelles, entourée des hommages rendus à sa fortune et à sa beauté, cela peut conduire à l'admirer, peut-être; mais cela n'apporte jamais cet amour profond qui pousse l'enfant à tous les sacrifices pour plaire à son tour à celle dont il sent à chaque pas le dévouement et le sacrifice.

Quelle différence avec l'éducation donnée au second enfant !

Ici, il me sembla entendre un sanglot presque

étouffé derrière la draperie sous laquelle s'était réfugiée Emmeline. Mais elle s'y trouvait si bien abritée, qu'il était difficile de l'y découvrir, et puis, qui sait? Avais-je bien le droit, moi, étrangère à la question, de fouiller au fond du cœur de la pauvre femme, et ne devais-je pas respecter ce mystère que j'étais seule peut-être à avoir soupçonné?

Pendant ce temps, grand'mère avait continué ses réflexions.

L'autre jeune femme avait une position et une fortune plus modestes; mais, mère avant tout, elle ne s'aperçut jamais de ces légères privations d'amour-propre et de vanité qui lui donnaient parfois une position qui eût pu paraître inférieure à celle de son amie. Elle n'avait qu'un but : faire de son fils un homme, toujours prêt à lutter avec honneur pour le combat de la vie.

Il eut des maîtres et des professeurs, et les conseils de son père dans les actions où une direction masculine était nécessaire; mais sa mère ne l'abandonna jamais à une aspiration dont elle n'eût pas été l'instigatrice. Et l'enfant, devenu homme, cherche encore de lui-même ce regard maternel qui l'a toujours guidé, et ce bras, sur lequel il s'appuyait, et qu'il pose aujourd'hui sur le sien avec l'orgueil que donne la reconnaissance.

Les deux jeunes gens se sont rencontrés dans la vie;

Ils se sont trouvés en compétition quelquefois, car ils sont également intelligents, et leurs études élevées les ont presque mis au même niveau littéraire et scientifique.

Dernièrement, ils se sont retrouvés sur un terrain bien autrement intéressant dans lequel leur cœur était aussi en jeu que leur avenir.

Hélas ! l'enfant que sa mère avait abandonné à une direction étrangère n'a pas su lutter, pour conquérir l'amour de celle qu'il désirait pour sa femme, contre celui dont le cœur avait été ouvert par l'amour maternel.

Tout vient de lui échapper : joie, bonheur, espérances d'avenir ! Car la femme enviée était non seulement belle et désirable à tous égards, mais elle offrait aussi une fortune et une position que les mères désirent toujours pour leurs fils.

Et, je le sais, mes amis, cette mère qui, dans sa jeunesse, n'a pas eu le courage du sacrifice et du dévouement, pleure aujourd'hui, trop tard, sur le résultat fatal qu'elle a amené par sa faute. La consolerons-nous jamais?

Je tournai involontairement les yeux du côté où s'était réfugiée Emmeline.

La draperie était complètement retombée, et il me fut impossible de savoir si la malheureuse femme avait abandonné la place ou si, derrière la portière, se trouvait une mère qui pleurait.

TRENTIÈME VISITE

ON NE SE CONNAIT PAS BIEN SOI-MÊME

Qu'a donc Marguerite à rire comme une folle en entrant aujourd'hui chez grand'mère?

Heureusement, nous ne sommes pas très nombreux, car grand'mère a beau être bonne et indulgente, ses sourcils commencent à se froncer quand elle pense que nous pourrions nous livrer à une moquerie qu'elle désapprouve toujours.

— C'est avoir, nous dit-elle, de l'esprit trop facilement.

Mais Marguerite ne se moque d'aucune des personnes présentes, et elle s'empresse de nous raconter la chose qui l'a si bien mise en gaieté.

— Grand'mère, est-ce que vous admettez que l'on veuille jeter de la poudre aux yeux? demanda-t-elle avant de commencer son récit.

— Qui donc, parmi vous, aurait ce vilain défaut? riposta l'aïeule en promenant son regard autour d'elle.

Oh! personne! je vous connais tous assez pour que nous puissions dire en ce moment ce que nous en pensons.

— Eh bien, grand'mère, je viens de rencontrer, dans un magasin, tout près d'ici, une dame qui nous a tant amusés, mon mari et moi, que je donnerais beaucoup pour vous procurer à tous le même agrément. Dites-nous vite, grand'mère, à quoi peut conduire pareille manie, et quelle en peut être la cause?

— Mes chères enfants, ce type, qui vous paraît si ridicule, parce que vous avez toutes ici eu le bonheur d'être élevées simplement, se reproduit un peu dans tous les mondes, et on le retrouve presque à toutes les époques, parce qu'il fait partie des défauts les plus communs inhérents à l'humanité. Je veux parler de la vanité et de la sottise.

Grand'mère n'avait pas encore fermé la bouche sur ce dernier mot, lorsque Madeleine ouvrit à deux battants la grande porte de la chambre et annonça Mᵐᵉ de Saclay, qui, se trouvant passer auprès de la maison d'une amie qu'elle avait beaucoup connue autrefois, s'était rappelée que c'était son jour de réception, et elle en profitait pour se rapprocher d'elle quelques instants.

A cette vue, Marguerite fit un tel soubresaut, en portant la main devant sa bouche, que nous comprimes tous quelle était la nouvelle venue, et notre regard, en se posant sur grand'mère, semblait lui demander comment elle allait se tirer de la leçon commencée.

— Vous me trouvez, ma chère amie, au milieu de toute cette jeunesse qui veut bien me considérer toujours comme un mentor et un guide, et je vous prouverai mieux, je crois, le plaisir que me fait votre visite, en n'interrompant pas le petit discours que j'avais ébauché lorsque vous êtes arrivée.

— Ah ! certes ! reprit vivement Mme de Saclay, une femme comme moi, dans ma position, sait à quoi s'en tenir sur bien des choses ; mais j'ai toujours entendu dire que vous êtes une femme d'esprit, et je serais enchantée d'en pouvoir juger par moi-même.

Et, profitant du large fauteuil qui avait été mis à sa disposition, Mme de Saclay y étala avec affectation une robe de velours, toute garnie de dentelles, que nous eûmes la malignité de penser qu'il ne fallait pas regarder [de trop près. Elle posa sur ses genoux un mouchoir richement brodé et orné, y joignit un éventail faisant grand effet ; et, son pied gauche dépassant sa robe pour laisser voir un soulier de satin et des bas brodés, elle attendit, dans une attitude impossible à décrire, la suite du discours de grand'mère.

Celle-ci ne semblait s'apercevoir de rien. Sa figure, sereine et calme, ne reflétait aucune pensée de critique ou même l'apparence de la plus légère raillerie.

Elle reprit simplement sa phrase où elle l'avait laissée.

— En général, dit grand'mère, cette sotte vanité, dont nous parlions tout à l'heure, s'attache particulièrement à avoir toutes les apparences de la fortune, même lorsque la personne qui veut jeter de la poudre aux yeux n'en possède aucune. Vouloir paraître riche lorsqu'on l'est réellement, a quelque chose de mesquin et de ridicule qui annonce toujours peu d'élévation dans l'esprit; mais affecter, tapageusement, de posséder une fortune que l'on n'a pas, étonne les esprits sérieux et donne un côté grotesque à la conduite de celui qui agit ainsi.

— Comme cela est vrai! interrompit bruyamment Mme de Saclay. Ainsi, je connais des femmes, et j'en pourrais citer, qui cherchent à rivaliser avec moi de toilette et d'élégance, quand je sais qu'elles n'ont pas le sou! J'en connais même une qui voudrait faire croire qu'elle possède un équipage, et qui loue, à l'heure, une voiture de remise pour laquelle on fait endosser au pauvre cocher une livrée de sa composition.

A cette exclamation, l'air de grand'mère eut un éclair ironique, aussitôt réprimé, qui nous fit jeter instinctivement un regard vers la rue où stationnait... la voiture de remise.

— Cela est, en effet, tout à fait déplorable, continua grand'mère, car cette façon d'agir, qui ne peut jeter de la poudre aux yeux que quelques instants, a presque toujours les plus fâcheuses conséquences et, ce qui est plus triste encore, le coupable n'est pas seul à en souffrir : les innocents qui l'entourent en sont aussi victimes.

— Ah ! heureusement que l'on rend à chacun la responsabilité de ses œuvres ! interrompit Alfred, qui ne manquait jamais une réception de grand'mère.

— Vous croyez cela, répliqua cette dernière ; et quand le faiseur d'embarras se trouve être un chef de maison, ou, si c'est une femme, une mère de famille, responsables, l'un et l'autre du bien-être de la famille ? Croyez-vous qu'ils ne sacrifieront pas le plus souvent ce bien-être à leur déplorable passion ? Et, s'ils ne le font pas, ce désir de paraître toujours plus riches qu'ils ne sont, ne les entraîne-t-il pas à des dépenses qui dépassent leurs ressources, et amènent presque toujours la misère ?

— Bien dit, toujours ! soupira bruyamment Mme de Saclay. Il n'y a que deux choses, heureusement, que l'on ne peut imiter et nous prendre : c'est notre nom, quand il est véritablement noble, comme le mien, et notre esprit...

— Aussi comme le vôtre, ma chère amie. Vous avez raison; mais, jugez alors combien vous devez être vexée lorsque vous rencontrez des gens dont la manière de jeter de la poudre aux yeux consiste surtout à parler sans cesse de leur intelligence, de leur jugement, de leur science, problématique pour les autres peut-être; mais qu'ils finissent, à force de vouloir persuader le public de son existence, par croire eux-mêmes tout à fait réelle. Et nous avons chaque jour la preuve que les épigrammes les plus saillantes et les plus accentuées ne sont prises, par eux, que pour un hommage rendu à leur mérite.

Grand'mère eût pu continuer longtemps encore à développer ce thème. Tous, nous l'écoutions avec un intérêt sincère; mais Mme de Saclay, que l'effet produit sur nous avait rendue désireuse de recommencer sa comédie dans un autre salon, pensa, tout à coup, que ses chevaux qui lui avaient coûté des sommes folles, seraient très fatigués si on les surmenait pour la conduire au noble château dans lequel elle était attendue à dîner.

Elle prit congé de grand'mère, et même un peu de nous, avec les grands airs que nécessitaient son titre d'emprunt, sa fortune douteuse, sa toilette éclatante, et son esprit, dont elle avait gardé le secret, et elle remonte dans sa voiture.

— Eh bien, mes enfants, est-ce que j'ai besoin de continuer la leçon ? demanda grand'mère.

TRENTE-UNIÈME VISITE

L'ÉGALITÉ ENTRE LES HOMMES

Les fenêtres, donnant sur le jardin, étaient ou-
vertes, et un air chaud et tout parfumé des senteurs
des héliotropes et des géraniums, emplissait les
poumons. La porte qui donnait dans le cabinet de toilette, ouverte tout près de l'aïeule, la mettait dans un
courant d'air, dont nous sommes toujours effrayées,
nous autres Parisiennes, et je me levai pour fermer
cette porte.

Grand'mère m'arrêta, et me dit en souriant :

— Non, laisse cette porte ouverte, mon enfant; et,
si tu as quelque crainte pour ma santé, ferme plutôt
la croisée qui y fait face, cela suffira pour me préserver.

Je me rendis bien vite au désir de grand'mère, et nous nous assîmes tous autour d'elle, comme à l'ordinaire, pour écouter ce qu'elle voudrait bien nous dire.

— Je n'ai toujours parmi vous, mes chers amis, nous dit-elle, que des personnes appartenant à une position relativement élevée, souvent des désœuvrés, et presque toujours appartenant à un monde où l'on ne connaît pas le travail obligatoire. C'est que le travail, lorsqu'il n'est pas accompagné des compensations ou des satisfactions intellectuelles artistiques, fait souvent la vie triste et dépourvue de ce charme que donne le développement de l'intelligence.

Où grand'mère voulait-elle en venir?

Je regardai dans notre entourage, et je ne vis personne à qui pouvait s'adresser ce petit exorde.

Mais, un léger bruit, qui se fit dans le cabinet dont la porte était restée entr'ouverte, me fit tout deviner.

— Il y a deux catégories de travailleurs manuels, poursuivit grand'mère. L'une rudement élevée, adonnée absolument aux durs travaux qui font les mains calleuses et le torse courbé, ôtent bien souvent, hélas! à la créature humaine tout ce qu'elle a d'élevé au-dessus des animaux auxquels elle commande.

Celle-là ne souffre pas de sa position, car elle ne la comprend pas; on ne peut apprécier et regretter des biens ou des bonheurs dont on n'a jamais eu la pensée.

Et je vous assure que maître Thomas, que j'estime de tout mon cœur parce qu'il est un honnête homme et un bon père de famille, prise bien plus la bonne écuelle de soupe aux choux que lui sert sa ménagère, et le verre de vin qu'il boit au cabaret, qu'il n'estimerait une conversation littéraire avec un académicien, ou le concert le plus artistique où il se trouverait en présence de toutes les élégances de la terre.

Celui-là accepte sa position sans la contester et sans y réfléchir, parce qu'il s'y trouve à sa place.

Mais il en est d'autres, condamnés aussi à des travaux manuels et dont l'intelligence, plus développée par un autre milieu, les conduit à faire des comparaisons, qui sont toujours au détriment de la position modeste qu'ils occupent.

— Personne plus que moi n'est à même de faire cette remarque, dit Ernest; et, franchement, grand'-mère, je ne puis trouver ce sentiment injuste, et il me semble que nous l'éprouvons tous un peu quand nous sommes en présence des privilèges dont nous n'avons pas notré part.

— Tu aurais raison, et ceux qui éprouvent cette affection jusqu'à la jalousie n'en seraient pas blâmables non plus, s'il était vrai que le bonheur se trouvât réellement dans ces positions, que l'on appelle mal à propos plus élevées, et si nous ne nous étions sottement habitués à considérer l'obligation du travail comme un malheur.

Je suis donc parfaitement convaincue qu'il n'y a là qu'un vice d'éducation donné par une société qui ne vit encore que de préjugés.

Voyons, Gabrielle, toi qui n'es qu'une enfant, obligée au travail, des devoirs et des leçons à apprendre, dis-moi quels sont les jours où tu te trouves la plus heureuse, ceux où tu ne fais rien, ou ceux pendant lesquels tu travailles?

Gabrielle réfléchit un instant, et regardant grand'-mère avec un visage tout rouge:

— Oh! je suis contente de moi, lorsque j'ai travaillé, dit-elle, et les autres?...

Ernest interrompit la jeune fille.

— Si grand'mère veut me le permettre, dit-il, je dirai que la comparaison n'est pas tout à fait juste, car il n'y a pas infériorité de position pour l'enfant qui, dans sa famille ou dans un lycée, fait des études pour lui seul, afin, le plus souvent, d'acquérir une de ces positions enviées dont nous parlions tout à l'heure, tandis que le travailleur manuel n'a jamais l'espoir de les atteindre.

— C'est précisément où je voulais en venir, mon enfant, reprit grand'mère, et mon but, en amenant cette conversation, est de vous prémunir tous, si je le peux, contre cette triste tendance de notre société actuelle de traiter d'une façon tout à fait opposée les personnes appartenant à des professions ou à des positions qui semblent les classer dans des catégories différentes.

C'est peut-être là la grande cause du malheur et de la jalousie de ceux qui se croient mis au bas de l'échelle. Car, nous le savons tous aujourd'hui par notre propre expérience, ce n'est point l'obligation du travail qui nous rend malheureux, au contraire ; mais c'est l'espèce de mépris, je ne puis trouver un autre mot, que l'on semble attacher à certains travaux manuels.

Certes, il y a une différence de savoir-vivre, de finesse d'appréciation et de sentiments, entre celui qui a reçu une éducation dite libérale, et celui qui n'a appris qu'à se servir de ses mains au profit des exigences de son existence de chaque jour ; mais ces sentiments, dont nous nous targuons comme plus élevés, ne deviennent qu'un orgueilleux égoïsme lorsqu'ils nous conduisent à croire que les autres doivent s'incliner devant nous.

— Mais cependant, grand'mère, je ne puis recevoir la couturière qui vient m'apporter une robe, comme la grande dame qui arrive en voiture pour me faire une visite ? dit Emmeline avec un petit air victorieux.

— Non, parce que tu dois les recevoir chacune

selon ce qu'elles viennent faire chez toi, mon enfant. L'une pour te rendre un service, la seconde pour te procurer un plaisir. Le plaisir est au salon, le service dans la salle à manger ou dans ta chambre ; mais tu dois aux deux les mêmes égards et la même politesse ; et, si tu as du cœur, l'estime penchera peut-être du côté de celle qui te rendra le service.

Au lieu de cela, qu'arrive-t-il le plus souvent ?

La travailleuse est là, qui attend, sans qu'on s'en occupe, pour satisfaire les exigences mondaines envers la femme désœuvrée ; la première perd son temps ; qui est tout ce qu'elle possède ; mais l'on s'en occupe peu, parce qu'on la traite comme une inférieure.

Mais elle a un cœur et une intelligence, celle qui est ainsi traitée, et elle compare !... Qui donc d'entre nous ne sentirait venir l'envie et quelque fois la haine devant la comparaison ?

Voyons mes enfants, pour rappeler une parole sublime : Quel est celui d'entre vous qui lui jettera la première pierre ?

Tous les fronts se courbèrent sous cette question de grand'mère.

— Eh bien, reconnaissez-le donc tous avec moi, mes chers amis ; nous devons estimer et aimer comme étant nos égaux, et souvent même nos supérieurs par la dignité de leur conduite, ceux que le sort semble avoir placés au bas de l'échelle sociale; cette échelle n'a été construite que par notre orgueil et nos préjugés. En agissant ainsi, nous rendrons bons ceux qui avaient tendance à devenir mauvais, par la jalousie, parce qu'ils comprendront à leur tour que, loin d'être abaissés par l'obligation du travail, ils doivent être relevés à leurs propres yeux comme ils le sont aux yeux de tous par l'estime et l'affection générales qui leur seront témoignées.

Un silence de quelques secondes suivit cette péroraison de grand'mère; et mon oreille, un peu exercée, put entendre derrière la porte du cabinet restée entr'ouverte, un sanglot étouffé, et une voix qui murmurait :

— O madame! Si tout le monde pensait et agissait comme vous!...

Et je me souvins alors que, chaque semaine, une jeune et charmante jeune fille venait, pendant quelques heures, faire un travail de couture dans la chambre de grand'mère.

TRENTE-DEUXIÈME VISITE

LA FEMME QUI NE SAIT PAS VIEILLIR

— Madame s'est endormie, me dit Marianne, au moment où je me présentais à la porte de la chambre de grand'mère. Elle est là, seule, dans son grand fauteuil ; et, vous savez, je n'ose troubler son sommeil pour annoncer, même la visite la plus agréable.

— Aussi suis-je loin de vouloir que vous la dérangiez ; je vais entrer dans son cabinet de toilette, où je sais trouver des livres que j'aime, et j'attendrai patiemment son réveil.

Marianne ne fit aucune objection. Elle m'ouvrit la porte du cabinet ; et... elle m'oublia.

J'étais plongée dans une lecture intéressante,

lorsque mon attention fut attirée par un bruit de voix venant de la chambre de grand'mère.

Elle était éveillée, et n'était plus seule.

J'allais me lever et entrer moi-même dans la chambre, lorsque je remarquai que les voix étaient animées, et élevées à un diapason qui annonçait une forte divergence d'opinions entre les interlocutrices, car la partenaire, ou plutôt l'adversaire de grand'mère, était une femme.

Peut-être ai-je eu tort d'être un peu curieuse; mais il y a toujours tant de charme dans les conversations de grand'mère, et tant à acquérir en l'écoutant, que je restai, muette et indiscrète, derrière la porte, toujours prête à annoncer ma présence, si ce que je surprenais était un secret.

Mais il n'en était pas ainsi; seulement grand'mère, contre son habitude, donnait en ce moment son avis sans être consultée. — C'est qu'elle se hâtait de profiter d'un instant où elle était seule avec une amie de son âge.

Mme R... V..., car je ne veux pas vous la nommer, est absolument une contemporaine de grand'mère. Elles ont été élevées ensemble, elles se sont, je crois, mariées la même année; et, après s'être longtemps perdues de vue, se sont retrouvées joyeusement, il y a quelque temps.

Joyeusement, oui, ce mot est juste pour grand'mère,

fidèle à ses souvenirs de jeunesse, dont elle recherche et sait retrouver les traces dans tout ce qui l'entoure ou se rapproche d'elle.

Mme R..., comme beaucoup de femmes, hélas! ne veut pas avoir de souvenirs. Sa vie n'est pour elle que dans le présent et dans l'avenir.

C'est dire qu'elle veut toujours être jeune sans chercher, comme grand'mère, à conserver sa jeunesse par le cœur et par l'esprit.

Mais, au lieu de mes réflexions, il vaut bien mieux que je vous raconte leur conversation.

— Voyons, ma chère Élisa, ne vous fâchez pas, disait grand'mère, et laissez-moi, pendant que nous sommes seules, vous parler en amie sincère, désirant vous épargner le ridicule qui s'attache presque toujours aux femmes qui veulent s'éloigner des lois naturelles.

— En quoi donc trouvez-vous que je m'en éloigne? Est-ce parce que je ne me fais pas grand'mère et vieille comme vous, que vous me trouvez répréhensible? Mais mon fils et ma fille sont mariés au loin, ils élèvent leurs enfants comme bon leur semble, sans avoir besoin de ma participation, et je ne vois pas pourquoi je ne jouirais pas encore de la vie, en restant jeune et jolie le plus longtemps possible.

La voix de grand'mère me parut ici prendre une nuance de gravité inconnue.

— Rester jeune et jolie le plus longtemps possible est, pour toutes les femmes, un droit et même un devoir, répondit-elle; mais on ne peut chercher à conserver que ce qui existe. Pardonnez-moi de me montrer un peu sévère avec vous, mon amie; mais, moi aussi, je remplis un devoir en cherchant à vous empêcher de vous engager davantage dans une route fausse, où vous ne trouveriez que des déceptions et peut-être du malheur. Ce n'est pas conserver une beauté passée que de chercher à masquer les ravages du temps par des moyens frauduleux, qui ne trompent personne. Ce n'est pas rester jeune que de singer la jeunesse en imitant ses naïvetés, adorables quand elles sont réelles, ridicules ou méprisables lorsqu'elles n'en sont que l'affectation.

— Voilà pourquoi, ma chère amie, il est bon, lorsque l'on n'est plus... très jeune, de s'éloigner un peu de ceux qui vous ont connue... autrefois, répondit Mme R...; et toute femme, intelligemment coquette, ne doit jamais habiter auprès de ses enfants, et encore moins de ses petits-enfants.

— Est-ce sérieusement que vous parlez ainsi, Élisa? demanda tristement grand'mère. Vous sacrifieriez à de si mesquins avantages les jouissances du cœur et le bonheur de la famille! Voyons, ma chère amie, parlons franchement, entre nous... Comme moi, peut-être un peu plus que moi, vous dépassez le terme fatal de la jeunesse, et vous voudriez que celles que votre âge mûr a traitées en babies, et qui sont prêtes aujourd'hui à s'incliner avec respect devant vos cheveux blancs, oubliassent que les racines paraissent sous la teinture, et que les rides que l'on cache sur le visage restent visibles aux yeux perspicaces des jeunes gens. Seulement, comme elles ne sont pas devant vos yeux, vous faites comme les enfants, qui mettent la main dessus pour commettre la mauvaise action, dont ils espèrent ainsi dissimuler la connaissance.

— Je devrais donc, à votre avis, me déguiser dès aujourd'hui en fée Carabosse? demanda Mme R..., un peu piquée.

— Mais non; mais non, ma chère amie, au contraire. Il n'y a jamais de fée Carabosse chez les femmes qui savent vieillir.

Et, je dirai plus : elles sont toujours jeunes, parce qu'elles ne cherchent pas à l'être ni à le paraître plus qu'elles ne le sont; mais elles savent trouver des compensations qui, pour elles et pour les autres, valent bien les avantages de la jeunesse, perdus sans retour.

La jeune femme, pleine de confiance en sa beauté et en l'éclat qui entoure toute sa personne, a, en général, plus d'estime pour ces dons extérieurs que pour ceux qui découlent de l'intelligence et du cœur ; elle pense qu'elle n'a qu'à se montrer pour attirer autour d'elle tous les hommages et toutes les affections. —

Et cela est vrai, pour quelques jours... La vieille femme, au contraire, doit comprendre qu'il lui faut remplacer les charmes extérieurs par un esprit cultivé, une bonté et une indulgence sans limites qui attirent vers elle tous ceux que la vie a blessés.

La jeune femme vit dans l'avenir, qu'elle ne connaît pas encore et vers lequel elle s'élance avec des espérances quelque peu égoïstes ; et elle est ainsi, parce que c'est son rôle : la nature a voulu que tout ce qui est jeune s'envolât vers l'inconnu avec des ailes qui ne sont pas encore alourdies.

La vieille femme vit dans le passé et par ses souvenirs. Espérant peu, pour elle, de ce jour de demain, qu'elle ne verra peut-être pas, elle consacre son expérience, elle donne son affection et ses espérances à ceux qu'elle sent être la continuation de son être, à elle ; et on l'aime parce qu'elle semble s'oublier, en trouvant son bonheur dans celui des autres.

Il faut donc savoir se préparer à vieillir ; et lorsque le moment est venu et que tout retour vers le passé nous semble impossible, accepter notre tâche nouvelle avec joie, comme une nécessité à laquelle nul être humain ne saurait échapper.

La vieillesse, ainsi acceptée, a une telle dignité, que tous s'inclinent avec respect devant elle, comme devant une des gloires et des puissances de la femme.

— N'est-ce pas ainsi que vous le comprenez, ma

chère Elisa? demanda grand'mère en tendant l'une de ses mains à sa vieille amie attristée...

Je me glissai doucement hors du cabinet de toilette, et j'entrai, par l'antichambre, dans la chambre de grand'mère.

Je m'avançai vivement vers Mme R...

— Ah! je suis heureuse de vous voir, chère madame; les amies de grand'mère sont les nôtres aussi, lui dis-je avec affection; elle éprouve tant de joie, cette chère grand'mère, quand elle peut évoquer et retrouver ses souvenirs de jeunesse.

— Oui, je me rappelle, en effet, sa grande intimité avec ma mère, répondit la vieille dame, à qui la leçon n'avait servi à rien; mais, continua-t-elle, j'étais si jeune alors, presque une enfant, que je n'ai pu, moi aussi, conserver pour grand'mère qu'un sentiment de respectueuse affection, comme vous l'avez vous-même.

Je restai un instant sans répondre. — Je n'osais me retourner vers notre chère aïeule, dans la crainte de partir d'un franc éclat de rire, lorsqu'elle-même reprit, comme si elle ne se fût aperçue de rien :

— Ainsi, ma chère petite, vous êtes venue me faire vos adieux, et vous partez prochainement pour la campagne?

— Oui, je suis attendue chez une tante de mon mari, qui a besoin de sentir de la *jeunesse* autour d'elle pour reprendre goût à la vie ; nous serons long-temps sans nous revoir, continua la jeune vieille femme. — Adieu, fit-elle, en nous tendant la main, tandis que son air semblait nous dire :

« Je ne mettrai plus les pieds dans une maison où l'on sait que je ne suis plus jeune. »

Grand'mère et moi nous nous regardâmes.

Avions-nous envie de rire ou de pleurer?

TRENTE-TROISIÈME VISITE

DERNIÈRE VISITE A GRAND'MÈRE

Un grand silence règne aujourd'hui dans la chambre de grand'mère. Ce n'est qu'avec hésitation et en marchant avec des précautions infinies que l'on ose approcher de son fauteuil.

Elle est cependant toujours là, à la même place, et son regard, qui n'a point perdu son expression de bonté, quelquefois un peu malicieuse, mais aujourd'hui tendre et doucement souriante, erre toujours sur nous, qu'elle a aimés, avec la même bienveillance et le même amour.

Mais cette parole, qui a si souvent fait battre notre cœur, ne peut plus se faire entendre.

Et, au milieu du silence morne qui se fait autour de grand'mère, elle seule n'est pas triste.

Elle nous regarde et elle nous sourit comme le voyageur qui a préparé sa malle pour le départ, et qui entend la cloche qui l'appelle.

Mais nous ne sourions pas, nous, à qui elle va manquer.

Cette chambre sera à jamais déserte, et son souvenir seul la rendra encore vivante pour nous.

Et, quelque jour, dans bien longtemps ou dans peu de jours peut-être, la vie banale et sans souvenir viendra prendre partout ici la place que nous y aurons occupée, les yeux fixés sur notre grand'mère à qui nous venions demander tout ce qui pouvait nous consoler ou nous guider dans la vie.

O grand'mère ! . . . .

Elle est partie !... Où donc est-elle ?
Nos voix ne la réveillent plus !
Si nos appels sont superflus,
Elle est partie... Où donc est-elle ?

Son regard brillant s'est éteint.
Sa lèvre riante s'est close ;
Ah ! Pour toujours elle repose,
Son regard brillant s'est éteint.

Réveille-toi !... C'est nous, grand'mère.
Nous tous tes enfants bien-aimés,
Quand tes yeux si doux sont fermés,
Réveille-toi !... C'est nous, grand'mère.

Mais grand'mère ne dit plus rien.
Tout est muet... La chambre est grave.
Devant la mort elle était brave;
Mais grand'mère ne dit plus rien.

Elle est partie... Où donc est-elle?
Nos voix ne la réveillent plus...
Si nos appels sont superflus,
Elle est partie... Où donc est-elle?

TABLE DES MATIÈRES